微格教学与教学技能训练

（第二版）

主　编　彭保发　郑　俞

副主编　郭杰荣　熊建新　王日兴

　　　　周　勇　王先春　余亚洲

　　　　张　婷

南京大学出版社

图书在版编目(CIP)数据

微格教学与教学技能训练 / 彭保发,郑俞主编. —2 版.
—南京:南京大学出版社,2019.8(2023.2 重印)
ISBN 978 - 7 - 305 - 21628 - 2

Ⅰ. ①微… Ⅱ. ①彭… ②郑… Ⅲ. ①说课—教学研
究 ②微格教学—教学研究 Ⅳ. ①G424.21

中国版本图书馆 CIP 数据核字(2019)第 017870 号

出版发行　南京大学出版社
社　　　址　南京市汉口路 22 号　　　　　邮编　210093
出 版 人　金鑫荣

书　　　名　**微格教学与教学技能训练**
主　　编　彭保发　郑　俞
责任编辑　钱梦菊　　　　　　　　　编辑热线 025 - 83592146

照　　排　南京开卷文化传媒有限公司
印　　刷　南京人民印刷厂有限责任公司
开　　本　787×960　1/16　印张 14　字数 250 千
版　　次　2019 年 8 月第 2 版　2023 年 2 月第 4 次印刷
ISBN 978 - 7 - 305 - 21628 - 2
定　　价　36.00 元

网　　址:http://www.njupco.com
官方微博:http://weibo.com/njupco
官方微信号:njupress
销售咨询热线:(025)83594756

修订说明

教材自 2011 年出版以来,受到使用者的肯定和好评。本教材的出版适合我国基础教育改革有目的、有计划地训练和提高师范生或在职教师的课堂教学技能的要求,从微格教学、基本教学技能、说课等方面提高师范生或在职教师的教学水平,不断提高其从教素质。针对教材使用过程中的一些不足,特通过修订再版教材,继续提高教材质量。

修订再版的教材在保持原有章节框架的基础上,新增了"应用篇",增强了教材的操作性和实用性,更新了部分案例,重点论述更为详细。总体上看,再版教材既保留了初版教材的特点,同时也体现了一些新的特点:

一是时代性更强。一部好的教材一定要与时俱进,反映学科的最新进展。修订时,在保持基本概念、基本理论的前提下,注重引用新的研究或成果,及时更新了一批案例及素材,力求教材能够反映本学科的新成果、新观点,保持教材跟上时代发展的步伐。

二是应用性更强。为了让学生"学以致用",提升学生的实践应用能力,在教材修订时,书名突出"训练"二字,内容上新增"应用篇",增加说课示例,便于学生更直观地说教材、说教学方法、说学法指导、说教学程序,并新增教师招考面试与教学能力测试,介绍无生上课、答辩等形式,从而提高学生职业应聘能力和就业竞争力。

三是形式上更加立体化。本教材在目录页设置二维码,新增了教学技能大赛优秀视频、教师资格考试面试试题以及相关拓展阅读,通过图文、视频、题库等多种形式满足学习者的学习需求,使得教材史加立体化与数字化。

由于自身的局限性,本书可能还会有一些不足和缺陷,希望继续得到广大读者的批评和指正。

编　者
2019 年 6 月

前　　言

我们正处在改革创新的时代,基础教育领域以新课程的构建与实施为重要标志的改革方兴未艾;新课改对教师教学技能的形成、发展与提高提出了新的更高要求。掌握科学、先进、规范,融技术、理念、情感为一体的教师职业技能是对一名教师的基本要求。教学技能是每一位教师必备的职业技能,也是高校师范类学生必修的内容。

根据基础教育的发展和新课程标准的要求,教师的专业化和控制课堂的教学能力对学生主动学习、创新能力培养起着关键的作用。因此,在教师培养过程中,高等院校高师专业极其重视对作为未来教师的师范生从教能力的实训。一般说来,这种实训除了通过见习或教育实习来锻炼学生的教学能力外,另一种方式就是通过教学技能的微格训练来实现。即把复杂的课堂教学或说课活动细分为易于掌握的单项教学技能,在校内有控制的教学环境中开展实训—评价—再实训的实践。从能力层次增强师范生的教学水平,不断提高学生的从教素质。

本书遵循教师成长规律,适应高等院校师范专业教育课程改革趋势,适合我国基础教育改革有目的、有计划地训练和提高师范生或在职教师的课堂教学技能的要求,以其教学技能的形成、增进、提高为宗旨,目的是学习新的教育理论,对已有的教育教学观念或教学印象进行改造,认同现代教学理念、教学行为。通过学习、模仿和训练,逐步形成完善的教学技能:从无到有,从局部到系统,从生疏到成熟,从认知到体悟,从模仿到创造,进而形成教师的教学能力,同时增强师范生职业应聘能力和就业竞争力。

本书基于微格教学、说课等理论研究,是湖南省"十一五"教育科学规划课题"建构师范生教学技能微格训练新模式的理论与实践研究",湖南文理学院教研教改项目"课堂教学技能的理论与实践研究""师范生现代教学技能培养模式的构建与研究"等项目成果。

本书主编有幸参加过微格教学创始人之一斯坦福大学行为改变模式的创立者阿伦教授，及其忠实追随者悉尼大学微型技能倡导者特雷尔博士联合举办的微格教学高级研修班，并得到了国内微格教学先行者北京教育学院孟宪恺教授、首都师范大学郭友教授等的亲切指教，对微格教学的理论与实践较有心得。本书还得到了湖南文理学院"教育部高等学校Ⅰ类特色专业""湖南省重点专业""湖南省特色专业"和"校本教材建设"等项目的联合资助，在此，深表感谢！由于时间仓促，难免有不足之处，敬请同行指正。

编　者

目　录

微信扫码

教学技能大赛视频
相关拓展资源

微格教学篇

基本教学技能篇

说　课　篇

应 用 篇

微格教学篇

微格教学(Microteaching)产生于1963年美国的斯坦福大学(又称"斯坦福模式"),创始人有阿伦(Allen)、盖奇(Gage)、布什(Bush)三位教授,在培训师范生和在职教师课堂教学技能的实践中得到迅速发展,旨在培训师范生和在职教师掌握课堂教学的技能、技巧,以改善课堂教学。

微格教学一反以往教学过程整体不可分割的认识,把课堂教学划分为若干部分,并将课堂教学的技能、技巧加以分类,而后依次对学习者进行系统培训。在这里,教学不再是45分钟(或50分钟)的一个整体,而只是一个针对性的片断,这个片断一般控制在5～10分钟。由于采取现代化的视听设备、现场真实记录和较客观的定性定量评价方法,故更便于教学技能技巧的观察、反馈、纠正和评价,从而使课堂教学成为一个可以控制的实践系统。

一般来说,这种教学的模式是:① 学习一定的教学理论;② 观察和学习教学技能;③ 组成微格教学课堂;④ 进行课堂教学的"角色扮演"活动;⑤ 从事反馈评价;⑥ 再度实践。

微格教学为师范教育教学技能的培训开辟了新天地,并得到国际教育领域的普遍重视和推广,其培训效果已被世界各国广泛承认。我国自20世纪80年代中后期引进微格教学,到现在已有相当数量深谙微格教学的院校领导、教师和电教人员。微格教学的实践活动在全国教学院系统和一些高等师范院校、中师、幼师中得到了开展,并取得了令人信服的效果。

微格教学具有示范性、科学性、系统性与高效性的特点。本教程适用于中小学各门学科技能的培训和师范生教育实习前的教学技能训练,亦可供在职教师进行继续教育和业务学习或研究微格教学时参考。

1 微格教学概述

1.1 微格教学的概念

微格教学译自"Microteaching"，意为"微型教学""微观教学""小型教学"。把复杂的教学过程分解为许多容易掌握的单一技能（导入技能、语言技能、讲解技能、提问技能、演示技能、板书技能、变化技能、强化技能、组织技能、结束技能），对每种教学技能分别进行培训，并借助现代化的视听设备进行现场记录，而后及时反馈、客观评价和纠正重教，这种系统培训师范生及在职教师教学技能的方法就叫微格教学。它是一种"小步教学""细分的教学""简化了的教学"。我国学者将其译为"微格教学"缘于下列想法："微"，体现其本质（即小课堂、短时间、单一技能）；"格"，一是循古训"格物致知"，表示它是一种可以细致分析的教学方法，二是表示对教学过程的音像资料进行反馈观察时，可以慢镜甚至定格分析。

1.2 微格教学的产生与发展

一、产生

（一）从日常实践活动中得到启示

复杂的综合性技巧（如舞蹈、体操、武术、骑车、滑冰及其他运动项目）若笼统地训练，既不得要领又难于掌握。相反，若系统地进行分解训练，效果极佳。

举例：甲、乙两家长教子滑冰

（1）甲家长首先亲自登场在冰场上滑行两周，然后叫从未穿过冰鞋的儿子照着自己的样子滑冰，并吩咐道："男子汉，勇敢点，不怕摔，跌倒了爬起来继续向前。"结果是，多日过去了，儿子迟迟不会滑冰，还落得个鼻青脸肿，并对学滑冰产生了强烈的惧怕心理（心理障碍）。

（2）乙家长则采取分解动作教子滑冰，具体做法是：

第一步，让儿子穿上冰鞋在冰面上站稳，停留几分钟，体验穿冰鞋在冰上站立与穿普通鞋站立的不同感觉（适应冰鞋）。

第二步，叫他双脚原地交替跺冰面几分钟，学习左右脚的重心移动。

第三步，让他在原地弯腰弯腿，身体前倾（掌握平衡）。

第四步，再在原地弯腰弯腿，身体前倾，双脚跺冰面，不要想着往前进（但不知不觉已在缓慢滑行）。

第五步，在前一步的基础上，双脚交替跺冰面时稍稍向后用力，但不要急于快速前进。

过后复习巩固，但又适可而止，使其不致疲劳、害怕、厌倦。不出几天，乙的儿子就融入滑冰大部队中去了。

（二）从运动员训练的慢镜头矫正中得到启示

运动过程中，动作的合理和规范程度将直接影响运动员各种运动机能潜力的发挥，尤其是对高水平运动员来说，哪怕是肉眼难以察觉的细微不足，也可能是致命弱点。为了充分发掘运动员的潜力，各国专门成立研究机构，将高速度的运动动作做连贯摄像，然后进行慢镜头或定格分析，矫正运动员的有误动作，效果甚佳。

（三）信息社会对传统教育的挑战

现代社会知识激增，信息爆炸，教育负担越来越重，对传统教育观念的改革势在必行：知识的获得不能成为教育的唯一目的，更要注重开发学生智力，培养学生运用知识的能力。这就要求现代教师不仅自身要有广博而扎实的知识基础，还要有纯熟且高超的教学艺术，能熟练掌握和灵活运用各种教学技能，在教学中能得心应手地发掘和培养学生各方面能力。这样，如何使教师（尤指新教师）快速有效地掌握复杂的教学过程中的各种教学技能，就成了教育改革的关键所在。而过去那种以老带新的传、帮、带方式或在实践中自我摸索完善的自我培养方式毕竟效率太低，已显落后和不适。

（四）冷战竞争的直接产物

1957 年 10 月 4 日，苏联成功地发射了人类历史上第一颗人造地球卫星，震撼了全世界，更是震惊了美国朝野。号称经济、科技、军事头号强国的美国,马上寻找其落后的原因,经过大量的调查与分析,认为根本问题出自美国的教育。从此,美国掀起了一场教育改革,主要从三个方面着手改革:一是教材的改革;二是教学管理的完善和教学管理理论的研究;三是教学方法的改革。微格教学便是从当时各种教学方法改革中脱颖而出的一种行之有效的教学技能培训方法。

二、发展

微格教学又称"斯坦福模式",产生于1963年美国的斯坦福大学,创始人有阿伦、盖奇、布什三位教授。

目前大多数发达国家和部分其他类型国家和地区的师范教育已基本普及微格教学,并将其作为一门主课开设。微格教学还广泛应用于其他领域,如运动员训练,外科医生的培养,飞行员训练,服务员、公关人员及其他职业人员培训等。

20世纪60年代末微格教学传入英国、德国等欧洲国家,20世纪70年代又传入日本、澳大利亚、新加坡等国家和我国的香港地区,20世纪80年代开始传入中国大陆、印度、泰国、印尼以及非洲一些国家。

1986年北京教育学院、上海教育学院开始对微格教学进行学习和研究,并进行一些实践探索。20世纪90年代,国内教育事业的发展对提高教师教学技能的要求更加迫切。师范生及广大教师缺乏系统的教学技能训练,这在一定程度上降低了教学效率。针对上述情况,国家教委教师司〔1992〕39号文件《高等师范学校学生的教师职业技能训练基本要求(试行稿)》和〔1994〕2号文件《高等师范学校学生的教师职业技能训练大纲(试行)》要求切实加强师范生教师职业技能训练,并且印发了《高等师范学校学生的教师技能训练基本要求》。此后,国内关于教学技能的研究得到很大发展,一系列教学技能理论与训练方面的论文、著作相继得到发表和出版。其中,孟宪恺、胡淑珍、郭友等人在这方面做了大量工作。

此后,国内微格教学的要求更高了。教育部于2017年10月26日发布的文件《普通高等学校师范类专业认证实施办法(暂行)》(教师〔2017〕13号)分别在其附件1:《中学教育专业认证标准(一级)》中明文规定"微格教学、语言技能、书写技能、学科实验教学实训室等教学设施"为师范专业认证的必备"支持条件";《中学教育专业认证标准(二级)》的"设施保障"中提出:教育教学设施满足师范生培养要求,建有中学教育专业教师职业技能实训平台,满足"三字一话"、微格教学、实验教学等实践教学需要。信息化教育设施能够适应师范生信息素养培养要求。建有教育教学设施管理、维护、更新和共享机制,方便师范生使用;《中学教育专业认证标准(三级)》的"设施保障"中提出:教育教学设施完备。建有中学教育专业教师职业技能实训平台和在线教学观摩指导平台,满足"三字一话"、微格教学、实验教学、远程见习等实践教学需要。信息化教育设施能够支撑专业教学改革与师范生学习方式转变。教育教学设施管理、维护、更新和共享机制顺畅,师范生使用便捷、充分。

关于教学技能微格教学的研究成果进一步丰富,2003 年 5 月至 2019 年 7 月发表在知网(cnki)篇名含"微格教学"的硕博论文共 134 篇,其中,研究靠前(3 篇以上)的大学有:东北师范大学(17 篇)、四川师范大学(14 篇)、华中师范大学(11 篇)、湖南师范大学(9 篇)、浙江师范大学(6 篇)、重庆师范大学(6 篇)、华东师范大学(5 篇)、西南大学(5 篇)、福建师范大学(4 篇)、广西师范大学(4 篇)、云南师范大学(4 篇)、北京体育学院(4 篇)、山东师范大学(3 篇)、河北师范大学(3 篇)、辽宁师范大学(3 篇)。

1.3　微格教学的实践过程

微格教学实践过程一般包括以下几个步骤:

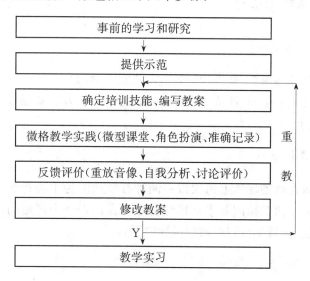

图 1-1　微格教学的实践过程

一、培训前的学习和研究

主要内容有：教学目标的确定、教材分析、教学技能的分类、课堂教学设计、学习者的特点分析和微格教学的评价方法。

二、提供示范

在正式训练前，通常利用播放录像示范带或指导教师实际角色扮演，对所要训练的技能进行示范。示范分正面典型示范和反面典型示范两种，一般以前者为主。

三、确定培训技能和编写教案

微格教学就是把课堂教学过程分解为不同的单项教学技能，再分别对高师生或在职教师进行训练，每次只集中培训一两个技能，以便容易掌握。当要培训的技能确定后，被培训者就要选择恰当的教学内容，根据所设定的教学目标进行教学设计，并编写出较为详细的教案。教案内容包括确定教学目标，标明教师的教学行为和应用的教学技能，预想学生的学习行为，准备视听材料及教学过程的时间分配等。

四、微格教学实践

（一）组成微型课堂

它由一名教师角色（被培训的师范生或在职教师），一组学生角色（被培训者的同学或真实学生）和评价人员（指导教师或同学）及设备操作人员（专业人员或同学）组成。

（二）角色扮演

被培训者在微型课堂上每次以一两种教学技能为主进行练习，时间一般为5~10分钟。角色扮演要求被培训者在上课前做一个简短的说明，以便明确要训练的技能、教学内容和教学设计的思路。

（三）准确记录

在进行角色扮演时，用视听设备对"教师"和"学生"行为进行准确的记录，以便及时准确地提供反馈资料。记录手段可根据具体条件而定，但录音记录或文字记录均不如音像记录及时、真实、有效。

五、反馈评价

（1）重放音像："教师"角色、"学生"角色、评价人员和指导教师一起观看重放的音像记录，进一步观察被培训者的训练程度。

（2）自我分析：通过观看自己的教学反馈音像带，教师角色要先进行自我分析（自己教育自己），检查实践过程中是否达到了自己所设定的目标，是否掌握了所培训的教学技能。

（3）讨论评价：指导教师、评价人员和学生角色要依据实际听课和观看反馈音像带所掌握的情况，对照培训的目标和要求，从各自立场客观中肯地评价"教师"角色的实践过程，肯定优点，找出问题，指出努力方向。在此应注意保护积极性和掌握分寸的问题，对角色扮演不太成功的被培训者，应尽可能多地肯定成绩；对扮演教师较成功的被培训者，也要如实地指出其不足之处。

六、修改教案及重教

被培训者根据自我分析和讨论评价中所指出的问题，修改教学设计，完成较理想的微格教学教案，以供微格教学实践的再循环——重教。修改教案及重教使被培训者教学技能逐步改进、完善，为大课堂教学实践（或教育实习）打下扎实基础。

1.4 微格教学的优点

一、理论密切联系实际

微格教学中的示范、备课、写教案、角色扮演、反馈和讲解分析等一系列活动，使教育学、心理学与教学论等教育教学理论得到具体的贯彻和体现。理论与实践紧密结合，提高了师范生对教法课程的学习兴趣。

二、目的明确，重点突出

由于每次教学练习所用时间短，只集中训练一两个教学技能，故可以制定更加明确具体的训练目的，从而更加细致、深刻、突出重点。

三、反馈及时和有效地自我矫正

通过音像重播和指导,老师及同学们的分析、讨论、评价等及时反馈,被培训者可获取广泛的改进信息;作为旁观者来观看自己教学活动的音像时,能更自觉、诚服地改正不足,起到自己教育自己的效果。

四、心理压力小,利于创新

微格教学是在较逼真的模拟课堂中进行的,面对的是与自己朝夕相处的同学和老师,且不必担心试教失败对学生造成的不良社会影响,也不必担心会影响学校的正常教学秩序。这种训练方式便于增加被培训者的自信心,减轻其心理压力,并有利于被培训者广泛吸收反馈意见,改进不足,大胆革新,掌握、完善、灵活运用各种教学技能,形成自己的教学风格。

五、定性与定量评价相结合

定性分析与定量分析相结合的方式,可以弥补这两种评价方法单一使用的不足,既提高了准确度,又不致因分析过细而忽略教学的整体性和艺术性。

1.5　微格教学的理论依据

一、微格教学体现了辩证唯物主义认识论的观点

微格教学从全过程看,被培训者开始获得的是示范所给予的感性认识,接着是对教学技能应用的范围、原则等做理性认识,最后再把多技能综合运用到教学实践中去。这完全符合"从生动直观到抽象思维,并从抽象思维到实践"这种人类对客观世界的认识过程。

二、微格教学符合教育学的观点

教育学的观点认为,教师要想不断地改进和完善自己的教学,必须获得三种信息:① 教学方法和教学内容的信息;② 学生的反馈信息;③ 教师对自身教学行为的反馈信息。前两种信息已被教师注意,而后一种信息,只有在微格教学中采用视听设备记录后,从音像反馈里才可发现自己教学中的优点和不

足,以便扬长避短,变被动为主动,更好地调整自己的教学行为。

三、微格教学符合心理学的原理

心理学的观点认为,在人的感官效率中,味觉占 1%,触觉占 1.5%,嗅觉占 3.5%,听觉占 11%,视觉占 83%。因此,视听并用能使受训者获得最大信息量。微格教学中的观察示范和技能训练的音像反馈,就是从视听两方面作用于被培训者的感官。心理学还研究证明,人们观察自身的行为所得到的反馈刺激,比别人提供的反馈刺激要强得多。

四、微格教学符合控制论的原理

从控制论的观点看,任何一个有效的系统,都是一个闭环可控系统。通过反馈的信息,掌握现状与目标的差距,从而控制行为沿正确的方向对准目标进行。没有反馈,就谈不上控制。反馈准确及时,更能使行为的调节达到控制的目的。

微格教学用现代化视听设备,为被培训者提供关于自己教学行为的准确及时的反馈,其间还包括由讨论得来的指导教师和学生的客观评价,所以能使被培训者在一个有控制的环境中对照训练目标,客观地分析和调整自己,有效地控制自己的教学行为,从而很快达到培训目的。

编写微格教学教案的说明

一堂好课,就像一首优美的诗歌、一出优秀的短剧,既给人以知识的启迪,又使学生感到满足、教师感到幸福。教案是教师精心备课的产物,是心血的结晶。微格教学教案不同于一般教案,要求更具体、更详细、更有针对性和计划性。其要求是:

一、编写的内容和要求

(一)教学目标(或学习目标):课堂设计的出发点。教学目标要求明确、具体,便于实现和检查。

(二)教师的教学行为:要求随着教学的进程,把导入、讲解、提问、演示、例证、结束活动等教师的行为编写在内。

(三)教师应用的教学技能:将教学进程中每位教师应用的主要教学技能进行标明。

(四)学生的学习行为:教师课堂设计中预期(预想)的学生行为,包括学生的观察、回忆、预想回答和其他活动等,体现了教师引导学生的认知策略。

（五）准备的视听材料：要求将需要的视听各种材料按顺序加以说明，以便于准备和使用。

（六）时间分配：在课堂进程中，将教师行为和学生行为标明预计的时间。

二、课堂板书设计方案

要理清问题线索，摘出内容提要，提示教材难点。

三、教案的审阅和批改

被培训的学员写好的微格教学教案，要由小组讨论后送交指导教师批阅，方能进行试讲、录像和评价。

详见下表 1－1。

表 1－1　微格教学教案（教/重教）

学　校：＿＿＿＿＿＿　年级：＿＿＿＿　测量目标：＿＿＿＿＿＿

课　题：＿＿＿＿＿＿＿＿＿＿＿　主讲人（角色扮演者）：＿＿＿＿＿＿

NO.＿＿＿＿＿＿　　　　　　　　　　　　　年　　月　　日

教学目标				
时间分配	教师的教学行为（提问、讲解等）	教师应用的教学技能	学生学习行为（回答、讨论等）	准备的视听材料（教学媒体）

(续表)

板书设计方案

教师审批意见	

指导教师签名：＿＿＿＿＿＿

2 微格教学实践的评价

在微格教学实践中,评价是一个重要的组成部分,对是否能科学、客观、准确地评价一个人的教学技能和教学质量,起着很重要的作用。评价一段微格教学课是多方面的质量要求,这些要求概括起来从属于教材处理、教学思想、教学方法、教师素养、教学效果五大因素,它们各自的表现程度和综合功能直接影响到微格教学的质量。怎样去评价一段微格教学技能培训课的好坏,是一个模糊综合评价的问题。因为课的好坏优劣没有一个严格界限来加以区分,是一个模糊现象。在此应用模糊集合概念对微格教学技能培训课的问题进行讨论。

2.1 数学的思想

自从有了数学,人们总习惯于追求精确性和清晰性。随着科学技术的发展,人们对客观世界存在的大量模糊现象产生了越来越浓厚的兴趣,希望也能用数学的方法清楚地表达和处理模糊现象。

例如,从倾盆大雨到绵绵细雨,这一自然现象的变化是逐渐的,什么叫大雨,什么叫中雨,什么叫小雨,没有明确的界限。又比如老师们常常用"优""良""差"诸多等级来评定学生的成绩,但什么是优、什么是良、什么是差呢,彼此的界限并不清晰。如果 90 分以上(含 90 分)为优,那么 89 分就是良。90 分与 89 分仅一分之差,而概念"优"与"良"却相差很大,这样的评价显然是不科学的。

因此,模糊现象反映到人们的思维中,便形成没有明确内涵和外延的模糊概念。如"一堆"、"老年人"、"中等"、"附近"、"高"与"矮"、"很大"与"很小"、"浓"与"淡"、"好看"与"难看"等,这些都是模糊概念。科学的发展,伴随着数学的全面渗透,一些过去与数学关系不那么紧密的学科,如教育学、语言学、管理学等人文学科,都迫切需要定量化和数学化。但是,当人们应用传统数学思维方法去处理客观现实中的模糊现象时都遇到了实质性的困难。可见,传统数学的思维方法对模糊事物是无能为力的。所以,人们意识到,有必要寻找一种描述与处理模糊事物的方法。模糊数学因此产生,在精确性经典数学与充满了模糊性的现实世界之间，架起了一座互相沟通的桥梁。

例如，对教师的教学进行模糊综合评判，影响教师教学质量的因素很多，如果把"熟练掌握教材""讲解清楚易懂""逻辑性强"这三个主要项目作为评价的指标，就可以构成这样一个因素集合：

$$A＝(熟练掌握教材、讲解清楚易懂、逻辑性强)$$

再对这些因素用四个等级进行评价："很好""较好""一般""较差"，这样就构成了一个评价集合：

$$R＝(很好、较好、一般、较差)$$

假定对教师进行评价，其中对"熟练掌握教材"这一项的评价结果为：30％的人说很好；60％的人说较好；10％的人说一般；没有人说较差。这一评价结果可用模糊集来表示：

$$R_1＝(0.3 \quad 0.6 \quad 0.1 \quad 0.0)$$

用同样的方法，对"讲解清楚易懂""逻辑性强"分别进行模糊评判，结果是：

$$R_2＝(0.0 \quad 0.5 \quad 0.3 \quad 0.2)$$

$$R_3＝(0.2 \quad 0.4 \quad 0.3 \quad 0.1)$$

三者合起来可以得到一个模糊集：

$$R＝\begin{vmatrix} 0.3 & 0.6 & 0.1 & 0.0 \\ 0.0 & 0.5 & 0.3 & 0.2 \\ 0.2 & 0.4 & 0.3 & 0.1 \end{vmatrix}$$

影响教学质量的因素有主次之分，只有事先确定对各个因素的侧重程度，即对每一项指标给出相应的权数(或称权重)，才能进行适当的综合评判。一般通过专家评分或统计的方法确定"权数"。如有专家认为，在对教师的质量的综合评判中"熟练掌握教材"这一项占50％，"讲解清楚易懂"这一项占30％，"逻辑性强"这一项占20％，这又可表示成一个模糊集：

$$A＝(0.5 \quad 0.3 \quad 0.2)$$

由矩阵乘法得出综合评判矩阵，也就是我们对数表 R 和 A 实施模糊运算，就可以得到某教师的教学质量和模糊综合评判结果：

$$B=A \cdot R=(0.5 \quad 0.3 \quad 0.2) \begin{vmatrix} 0.3 & 0.6 & 0.1 & 0.0 \\ 0.0 & 0.5 & 0.3 & 0.2 \\ 0.2 & 0.4 & 0.3 & 0.1 \end{vmatrix}$$

矩阵乘法：矩阵 A 的每一行与矩阵 R 的每一列对应元素的积相加,作为矩阵之积的各元素。

$$B=\begin{vmatrix} 0.5 \times 0.3 & 0.5 \times 0.6 & 0.5 \times 0.1 & 0.5 \times 0.0 \\ 0.3 \times 0.0 & 0.3 \times 0.5 & 0.3 \times 0.3 & 0.3 \times 0.2 \\ 0.2 \times 0.2 & 0.2 \times 0.4 & 0.2 \times 0.3 & 0.2 \times 0.1 \end{vmatrix}$$

$$B=\begin{vmatrix} 0.15 & 0.30 & 0.05 & 0.00 \\ 0.00 & 0.15 & 0.09 & 0.06 \\ 0.04 & 0.08 & 0.06 & 0.02 \end{vmatrix}$$

$$=(0.19 \quad 0.53 \quad 0.20 \quad 0.08)$$

$$(很好 \quad 较好 \quad 一般 \quad 较差)$$

由此可见,某教师的教学质量属于较好的程度最大,其隶属度为 0.53,这样,我们就有理由说,某教师教学质量"较好"。

2.2　微格教学中的模糊综合评价方法

在微格教学中,要对课堂教学质量做出恰当的评价是一件很不容易的事情,因为课堂教学是一个十分复杂的脑力劳动过程。同时,课堂教学评价指标体系(无论该体系如何设置)的各项指标都是模糊量,根本无法用一个绝对精确的数值去描述。基于上述原因,在此应用模糊数学中综合评判原理,设计了用于微格教学中教学技能和教学质量的评判方法。这种评判方法是针对教育评价对象的复杂性及其评价指标的模糊性,采用模糊数学的理论与技术,对这种受多种因素影响的复杂的评价对象进行综合评判,从而得到定量的评价结果。它能汇总各类评价人员的评价意见,能较全面地反映出评价对象的优劣程度,从而使评价结果有较大的客观性。现在,以评价某教师课堂教学中结束技能为例,具体介绍模糊综合评判方法在微格教学实践中对教学技能评价的应用。

一、建立评价体系和确定权重

首先根据结束技能的教学目的,建立指标体系和权重,制成一份定性评价单,供听课评价时使用。设课的结束技能评价项目有六项,每一项内容在教学中所占地位不同,不能等量齐观,应区分轻重,因而确定各项权重不同。每项权重为小数,其权重总和为 1。课的结束技能中,所设各项的权重分配为:0.1、0.2、0.2、0.2、0.2、0.1(参见表 2-1)。

表 2-1　微格教学定性评价单(教/重数)

NO. _____　　　　　　　　　　　　　　　　年　　月　　日

角色扮演者		科目		测量目标	结束技能
请您在听课后对以下各项评价,在适当评价等级上打"√"					

结束技能的教学目标和评价标准	评价成绩记录				权重
	很好 (95)	较好 (80)	一般 (65)	差 (50)	
1. 结束阶段有明确的目的					0.10
2. 结束环节安排了学生活动(练习、提问 小结、小实验等)					0.20
3. 结束的内容概括和结构的表达,与本节 内容联系密切、恰当					0.20
4. 布置作业明确、适当,每位同学都能 记下					0.20
5. 结束环节有利于巩固所学知识,并进一 步激发学生的学习兴趣					0.20
6. 结束的时间掌握紧凑,不拖沓					0.10
您还有什么意见? 请写在下面。					

评价员:_____

二、评价记录

收集模糊评价信息。当微格教学进行时,由指导老师以及听课的其他教师(或同学)做评价员,听课后,每位评价员在各测量目标的等级目标中选择一适当等级记录在评价单上,这种模糊评价信息是评价者对评价指标定性测量的结果。

三、统计分析评价的结果

先制定评价统计表,将得到的同一被培训者的结束技能的评价记录进行统计。例如,某教师的结束技能评价统计如表2-2:

表2-2 微格教学定量评价单(教/重教)

NO. _____   年   月   日

角色扮演者		科目		测量目标	结束技能
项目 \ 权重 \ 比率 \ 等级		很好 (95)	较好 (80)	一般 (65)	差 (50)
1	0.1	1/5＝0.2	3/5＝0.6	1/5＝0.2	0/5＝0.0
2	0.2	2/5＝0.4	2/5＝0.4	1/5＝0.2	0/5＝0.0
3	0.2	0/5＝0.0	2/5＝0.4	2/5＝0.4	1/5＝0.2
4	0.2	1/5＝0.2	4/5＝0.8	0/5＝0.0	0/5＝0.0
5	0.2	2/5＝0.4	1/5＝0.2	1/5＝0.2	1/5＝0.2
6	0.1	0/5＝0.0	3/5＝0.6	1/5＝0.2	1/5＝0.2

由上表可以看出,对某项看法未必一致,有人认为"很好",有人认为"较好",有人认为"一般",甚至有人认为"差"。统计是采用比率的办法,如有5人参加评价,对第一项评价认为"很好"的占1/5,认为"较好"的占3/5,认为"一般"的占1/5,认为"差"的为0,便形成数列0.2、0.6、0.2、0.0。用同样的办法,将得到的各项内容等级统计数列分别记入表中,从而得到一个评判等级矩阵。

四、构建综合评价矩阵

计算时采用矩阵表示法。仍以表2-2为例,从表中数据得两矩阵,权重分配矩阵 A,评判等级矩阵 R。

权重分配矩阵 A 是由各项目权(重)数决定的,即:

$$A=(0.1、0.2、0.2、0.2、0.2、0.1)$$

评判等级矩阵 R 是由各项目等级比率决定的,即:

$$R=\begin{vmatrix} 0.2 & 0.6 & 0.2 & 0.0 \\ 0.4 & 0.4 & 0.2 & 0.0 \\ 0.0 & 0.4 & 0.4 & 0.2 \\ 0.2 & 0.8 & 0.0 & 0.0 \\ 0.4 & 0.2 & 0.2 & 0.2 \\ 0.0 & 0.6 & 0.2 & 0.2 \end{vmatrix}$$

某一教师在微格教学中,其结束技能的评价矩阵 B 是 A、R 两个矩阵之积,即:

$$B = A \cdot R$$

$$B=(0.1、0.2、0.2、0.2、0.2、0.1)\begin{vmatrix} 0.2 & 0.6 & 0.2 & 0.0 \\ 0.4 & 0.4 & 0.2 & 0.0 \\ 0.0 & 0.4 & 0.4 & 0.2 \\ 0.2 & 0.8 & 0.0 & 0.0 \\ 0.4 & 0.2 & 0.2 & 0.2 \\ 0.0 & 0.6 & 0.2 & 0.2 \end{vmatrix}$$

$$= \begin{matrix} 0.22 & 0.40 & 0.20 & 0.10 \\ 很好 & 较好 & 一般 & 差 \end{matrix}$$

根据综合评价服从最大隶属度的原则可知,最大隶属度对应的等级为综合评价的结果。在这里 0.40 最大,它所对应的等级为"较好"。所以,综合评价结果表明,被培训者在微格教学的结束技能训练中质量为较好。

五、计算最后评价结果

评判常采用四级或五级评分制,它与百分制的对应关系为:

$$\begin{matrix} & 四 \quad 级 & & 五 \quad 级 \\ C= & \begin{vmatrix} 很好 \\ 较好 \\ 一般 \\ 差 \end{vmatrix} = \begin{vmatrix} 95 \\ 80 \\ 65 \\ 50 \end{vmatrix} & 或 \ C= & \begin{vmatrix} 优 \\ 良 \\ 好 \\ 中 \\ 差 \end{vmatrix} = \begin{vmatrix} 100 \\ 80 \\ 60 \\ 40 \\ 20 \end{vmatrix} \end{matrix}$$

最后计算评价结果为：

$$E = B \cdot C = (0.22 \quad 0.40 \quad 0.20 \quad 0.10) \begin{vmatrix} 95 \\ 80 \\ 65 \\ 50 \end{vmatrix}$$

$$= (0.22 \times 95 + 0.40 \times 80 + 0.20 \times 65 + 0.10 \times 50)$$

$$= 70.9 \text{分}$$

可见,用综合评分法来评价教学技能微格训练的教学效果,既可以得到评价的总分,又可以对照评分单中各项目评价等级,从各个不同侧面了解自己教学中的长处和短处,还可以从结果看到自己各方面的教学在不同等级中占的量,从而使各项教学技能掌握的情况得到全面、综合的考查,可参考表 2 - 3、2 - 4、2 - 5 的格式。

总之,微格教学的教学技能评价,本身是一种认识活动,这样的认识活动贯穿于教学技能评价的设计、信息收集处理、做出评价结论与提出决策建议等阶段。评价的实质就是测量一种教育方案的目标到达程度的过程,其目的不是给某类教学行为打分,而是向被培训者指出哪些地方还需要改进。评价者在已有认识经验的基础上,不断地添加,不断地深入,经过合理思考,就可以逐步形成更完整的经验,产生更切合客观实际的结论。但是,并不能认为用综合评分法进行评价就是最客观的。实际上,在综合评分法里仍含有主观因素。因为技能评价单中各个单项权重的确定就是主观的,不过这种主观因素和以往的主观评价不同,过去的主观评价,往往是指个别评价者的意见。这里的权重是由统计办法确定的,或由集体讨论确定的,或由专家组确定的,它与一个人决定的主观评价有着本质的不同。综合评分法是主观与客观的统一产物,即综合评分法虽然没有从根本上摆脱主观因素的影响,但它却尽力把主观因素影响控制在较小的限度内。所以它虽然含有主观因素,但并不失为一种比较全面、客观的评价方法。因此,要进行现代化课堂教学,只凭宏观研究,只凭"一支粉笔,一块黑板"的落后教学手段,已经远远不够,需进行微观研究,并将微观研究与宏观研究结合起来,借助现代化的科学手段,把定性评价与定量评价互相结合。微格教学的出现,对被培训者进行定量的测量和评价,恰恰适应了教学艺术、教学科学发展的客观规律,有利于教学改革的进一步深化。

附：微格教学评价单三式

表2-3　微格教学定性评价单(教/重教)

NO. _____   年　　　月　　　日

角色扮演者		科目			测量目标	××技能

请您在听课后对以下各项评价,在适当评价等级上打"√"

××技能的教学目标和评价标准	评价成绩记录				权重
	很好	较好	一般	差	
1.					
2.					
3.					
4.					
5.					
6.					
7.					
8.					
9.					
10.					
您还有什么意见?请写在下面。					

评价员: _____

表2-4　教学技能综合应用评价单(教/重教)

NO. _____   年　　　月　　　日

角色扮演者		科目			测量目标	××技能

请您在听课后对以下各项评价,在适当评价等级上打"√"

××技能的教学目标和评价标准	评价成绩记录				权重
	很好 (95)	较好 (80)	一般 (65)	差 (50)	
1. 教学目的明确,引入课题切合标准					0.10
2. 内容正确适度,重点突出					0.20

（续表）

××技能的教学目标和评价标准	评价成绩记录				权 重
	很好 (95)	较好 (80)	一般 (65)	差 (50)	
3. 讲授清楚生动,透彻易懂					0.20
4. 教法得当,有启发性					0.20
5. 板书简明整洁,安排合理					0.10
6. 结束圆满					0.20
您还有什么意见? 请写在下面。					

评价员:＿＿＿＿＿＿＿＿＿

表 2-5　微格教学定性评价单(教/重教)

NO.＿＿＿＿＿＿＿　　　　　　　　　　　　　年　　月　　日

角色扮演者		科目		测量目标	
项目 比率 等级 权重		很好 (95)	较好 (80)	一般 (65)	差 (50)
1					
2					
3					
4					
5					
6					
7					
8					
9					
10					
最后评价结果		备　注			

评价员:＿＿＿＿＿＿＿＿＿

为了改变师范生和在职教师过去教学技能训练的陈旧落后状况,应用微格教学培训师范生和在职教师课堂教学技能的方法,是促进教学艺术风格形成的重要措施。

教学技能多种多样,各有特点,互相联系,又互相渗透,反映了教学技能概念的辩证法,以及这些技能能互相转化,而非孤立存在。教师对教学技能认识越深,结合的技能就会越恰当、丰富,教学就越生动、有效。微格教学之所以有生命力,产生了明显的效果,最根本的原因是它体现了现代教育技术的思想和方法,使只可意会不可言传的教学能力,成为有清晰的目标,可以确认,可以模仿,可以通过反馈观察和评价的,可控制、可操作的技能训练,这是其他教育课程所不能替代的。

运用微格教学对师范生和新上岗教师的培训,目标是培养合格教师;对中青年教师的培训,目标是培养教师骨干;对中年以上教师的培训,目标是总结教师的丰富经验,培养进行微格教学的骨干,指导、评价中青年教师的教学。

微格教学是一种集体活动,具有研讨性、观摩性和交流性。小组成员之间相互听课,进行自我评价和他人评价。既有自觉改进教学,自己教育自己的功能,也有互相帮助、充分发挥集体智慧的功能。小组成员的彼此协作和教师的正确指导是提高微格教学质量的关键,故我们要在微格教学的备课、试讲、反馈、讨论等各个环节中充分发挥集体的智慧。

世界各国微格教学研究与推广已形成一定规模。微格教学的开展,对促进师范生与教师的课堂教学技能,提高教学质量是较为有效的。微格教学是一种知识更新、开发新智力、掌握新技术的教育。微格教学在我国起步较晚,还没有成套的经验可借鉴。它的教学内容、教学方式、教学手段、教学对象等都随着不同地区、不同教学条件、不同社会发展阶段而不断变化。这就要求我们不能墨守成规,要敢于和善于创新,不断改进和完善这种培训师范生或在职教师的教育形式。

3 基本教学技能分类

教师的教学技能是一系列复杂的行为方式，既有心智技能，又有动作技能。教学技能是教师的职业技能，就如同医生、演员等的技能一样，是一名合格教师必须掌握的。它可以通过学习、训练来掌握，在实践中得到巩固和发展。

教学技能是指在教学过程中，教师运用教学理论、专业知识和经验等，为促进学生的学习，实现教学目标的特定的教学行为方式，也就是课堂上采用的与教师特定的意图有关的行为。课堂教学的技能分为两大类(详见图3-1)：

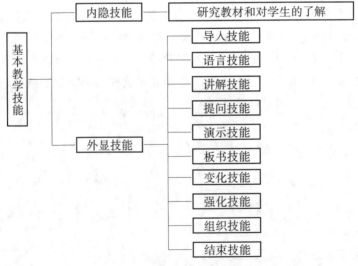

图 3-1 课堂教学技能分类

一类是内隐技能,是指研究教材和了解学生的技能,这些都不直接表露在课堂上;一类是外显技能,是指作用于课堂上并在师生之间交流中直接显露出来的技能。这里研究的范围只限于外显的技能,是按教学程序和活动方式划分的。

课堂教学技能有了分类,就可以按不同教学技能的类别,进行明显的示范,明确培训目的。有了分类,对每一类的教学技能就有了统一的规范和要求,便于观察和做出客观的评价。分类也有利于被培训者掌握基本的教学技能,并根据自身条件扬长避短,形成各自的教学风格和教学特色。

而传统教学的课堂结构分为五个环节:组织教学、复习提问、讲解新课、巩固新课、布置作业。这种只是以课的程序和外部特征为划分依据的教学方式,不属于教学技能。

为了使师范生或在职教师更好地对课堂教学技能理解与掌握,并便于集中进行培训工作,现将微格教学的十大课堂教学技能展开研究,以供学习参考。

4　导入技能

4.1　导入技能的概念

导入技能是教师在一个新的教学内容或教学活动开始的时候,运用一定的方式,让学生预见教学目标、教学内容以及教学方式,引导学生做好心理准备和认知准备,进入学习情境而采用的一种教学行为方式。也就是引起学生注意、激发学习兴趣、引起学习动机、明确学习目的和建立知识间联系的教学行为方式。应用于上课之始或开设新学科,进行新单元、新段落的教学过程之中。

"良好的开端是成功的一半",新颖、高效的导入技巧能为课堂教学的展开奠定良好的基础,也促使学生渐入学习佳境。

4.2　导入技能的目的

课堂教学的导入犹如戏剧的"序幕"，能起到酝酿情绪、集中注意力、渗透主题与带入情境的作用。精心设计的导入，能促使学生情绪高涨，凝聚其注意力，令其步入精神振奋状态之中，有利于学生获得良好的学习效果。

导入技能的目的主要表现在以下几个方面：

一、集中注意力

"注意力是心灵之门"，在教学之初，教师要给学生较强烈、较新颖的刺激，促使他们收敛课前各种活动的思想情绪，在其大脑皮层和有关神经中枢，形成对新课内容的"兴奋中心"。把学生的注意力迅速集中并指向特定的教学任务和程序上来，为完成新的学习任务做好心理上的准备。即把学生课前分散的注意力，经教师"诱导"，引起学生的无意注意，进入有意注意的学习情境。

富有创意的导入，可以起到先声夺人的效果，紧紧地吸引学生的注意力，使学生把注意力转移到课堂学习上来，维系在教学内容上。

二、激发兴趣

富有情趣的导入，使学生对教学内容和教学活动产生浓厚的兴趣。爱因斯坦说"兴趣是热爱的先导"，而热爱无疑是最好的老师。教学之始，教师应千方百计地激发学生的学习兴趣，诱发学生的求知欲望，驱动学生学习的内在动力，使学生产生强烈的学习自觉性与主动性，变要我学为我要学。

三、明确目的

目的明确的导入，让学生预知教学的目的，领会教师的期望，洞察教学的步骤，了解学习的方法，并自觉地控制和调节自己的学习心理。通过对实例、实验的观察导入，经分析、综合、抽象和概括等思维加工，得出的新概念易于被学生理解和掌握。

四、铺垫准备

利用已知的素材(已有知识、学生的生活阅历与经验等)作"引子"，能自如地为导入新课题做好铺垫。内涵丰富的导入，为学生清除障碍，帮助他们做好技能的铺垫和知识的准备,为教学顺利推进,走向成功奠定良好的基础。

4.3 导入技能的类型

(1) 直接导入:是指教师运用简捷、明快的讲叙或设问,开宗明义、开门见山地阐明学习目的和要求、各个重要部分的内容及教学程序,引起学生的有意注意,诱发探求新知和兴趣的导入方法。

(2) 经验导入:是指以学生已有的生活经验、经历、已知的素材为基础,教师通过生动而富有感染力的讲解、谈话或提问,以引起回忆联想并鼓动起学生的求知欲望的导入方法。

(3) 复习导入:学习是循序渐进的,要以较低层次的知识掌握为前提,才能保证与此相联系的较高层次知识的理解和掌握。"善导"的教师,总是很注意引导学生温故知新,以复习、提问、做习题等教学活动开始,用原有知识作铺垫,提供新旧知识联系的支点。这样导入,使学生感到新知识并不陌生,便于将新知识纳入原有的认知结构中,降低了学习新知识的难度,易于引导学生参与学习过程。使用这种导入方法,教师一定要摸清学生原有的知识水平,要精选复习和提问时新旧知识联系的"支点"。

(4) 实验导入:学生尤其是理科学生,喜欢观察鲜明、生动、不平常的实验。根据学生的这一心理特点,在学习某些章节之始,可由老师演示有关实验导入。设计演示实验可以从已知实验入手,向本章节内涉及的未知实验过渡,尽量挖掘富有启发性、趣味性的实验。通过声、光、电、味等感官刺激,巧布疑阵、设置悬念,起到"激其情,引其疑,解其惑"的效果。

(5) 直观导入:这种导入方法是在讲授新课题之前,教师先引导学生观察实物、样品、标本、模型、图表、幻灯片、多媒体课件、影视片等,引起学生的兴趣。再从观察中,提出问题,创设研究问题的情境。学生为解决直观感知中带来的疑问,产生了学习新知识的强烈要求。应用此法,需注意下列两点:

① 实物、模型、幻灯片、电视等内容必须与新课有密切的联系。

② 在观察过程中,教师要及时地恰如其分地提出问题,以指明学生在观察中的思考方向,促进他们的思维,为学习新知识做好准备。

(6) 设疑导入:"教学过程是一种提出问题和解决问题的持续不断的活动"(美国心理学家布鲁纳言)。思维永远是从问题开始的,所以有经验的教师,常在章节教学之始,设置符合学生认知水平、形式多样、富有启发性的疑问,引导学生回忆、联想,或在问题中渗透新课的学习目标、研究主题。

(7) 事例导入:用学生生活中熟悉或关心的事例导入新课,能使学生产生一种亲切感,起到触类旁通的效果。也可介绍新颖、醒目的事例,为学生创设引人入胜、新奇的学习情境。

(8) 悬念导入:提出带有悬念性的问题来导入新课或问题,能够激起学生兴趣和求知欲。在悬念中既巧妙地提出了学习任务,又创造出探求知识的良好情境。

(9) 故事导入:青少年学生都爱听故事,在各学科的发现史和发明史中,充满了动人的故事。中外史实中,妙趣横生的典故更多。根据教材内容的特点和需要,选讲联系紧密的故事片断,可避免平铺直叙之弊,收到寓教于乐之效。

(10) 激情导入:是指导教师采用唱歌、猜谜、游戏等形式激发学生兴趣而导入新课的方法。

(11) 释(审)题导入:是指教师利用课文题目中的关键词语或题目,提出一系列问题,引导学生分析题目从而初步了解课文主要内容的导入新课的方法。

(12) 简介导入:是指教师对课文作者生平、时代背景及主要内容做简要介绍而导入新课的方法。

4.4 导入的原则

在导入技能的设计和实施中,应遵循下列原则:

(1) 要突出导入的目的性和针对性。导入要与学生的心理特点、认知规律、教材内容和教学实际相适应,使学生初步明确学什么、怎么学、为什么要学。切忌与内容、学生脱节,否则无论导入多么精彩、别致,也不可能产生好的教学效果。

(2) 要突出导入的趣味性。"知之者不如好之者,好之者不如乐之者。"导入时语言要风趣幽默、简洁生动、新颖活泼、生动形象,方式要新颖有趣、多样化,举例要生动活泼、因材而异,使教材内容以新鲜活泼的面貌呈现出来,激起学生学习新课程的兴趣和求知欲。

(3) 要突出导入的关联性和迁移性。学生的学习是根植于已有的知识背景和生活经验之上的。导入时要在联系旧知识的基础上,找准新旧知识的联结点,精心设计铺垫,巧设疑点和难点,并以此作为新知识的"生长点",展开新的矛盾和问题。即导入的内容要与新课重点密切相关,成为揭示新旧知识联系的支点,引导学生以旧拓新、温故知新。

(4)要突出导入的灵活多样性。每课的导入不要千篇一律,而要新颖灵活。

(5)要突出导入的直观性和启发性。教师要用富有启发性的导入,引导学生去发现问题,激发学生解决问题的强烈欲望,调动学生思维活动的积极性,促使学生更好地理解和运用新知识。尽量以生动、具体的事例或实验为基础,引入新知识、新观念。结合设问和讲述才能达到激其情、引其疑,发人深思。

(6)要突出导入的高效性。课堂导入要特别注意切忌生搬硬套,不可只重视导入,而忽视其他教学环节。力求简洁、准确、少而精。

4.5 导入技能的结构

各种导入方法,都有下列相似的结构:

引起注意—激起动机—组织指引—建立联系。

(1)引起注意:导入的构思和实施,总是设法把学生的心理活动保持在教学行为上,与教学活动无关的甚至有碍的活动能迅速得到抑制。已经引起学生注意的标志是:同学们举目凝视,或侧耳倾听,或思考,或顿时寂静,或紧张屏息,或议论纷纷……善导的教师,采用多种方法引起学生的无意注意。

(2)激起动机:学习动机中最现实、最活跃的成分是认识兴趣,即求知欲。因此教师应创设引人入胜的情境,激发学生产生学习的兴趣。另,自觉性是学习动机的重要成分。只有学生清晰地意识到自己主动学习的社会意义,才能产生学习的自觉性,并表现出学习的极大热情及听课学习的坚毅精神。这要求教师导入时要适时说明学习这部分知识和技能的意义。

(3)组织指引:导入时要给学生指明学习任务,提出学习方法,安排学习进度。这样可以引导学生定向思维,使学生有目的、有意义地开展学习。在教学过程中,教师要不断设法保持教学重点,沿着重点环环相扣地实现教学目标。

(4)建立联系:导入的设计,要充分了解并利用学生原有的知识和能力,要以其所知、喻其不知;导入所采用的资料和内容要与新课的中心问题联系紧密,从而用较少的精力和时间,有效地达到教学目标。

4.6 导入技能的评价

导入技能评价的方式可参考表 4-1。

表 4-1 导入技能评价单(教/重教)

NO. _____ 年 月 日

角色扮演者		科目			测量目标	导入技能

请您在听课后对以下各项评价,在适当评价等级上打"√"

导入技能的教学目标和评价标准	评价成绩记录				权重
	很好 (95)	较好 (80)	一般 (65)	差 (50)	
1. 能集中学生的注意力,引起学生的兴趣和积极性					0.20
2. 与新知识联系紧密,目的明确,能自然导入新课,衔接恰当					0.20
3. 确实将学生带进了学习的情境					0.15
4. 感情充沛、表情丰富、语言清晰					0.15
5. 导入时间掌握得当、紧凑					0.15
6. 面向全体学生					0.15
您还有什么意见? 请写在下面。					

评价员:_____

4.7 导入技能的具体范例

导入技能的具体范例如例1、例2。

【例1】 实验导入。化学课"钠"这一节是以演示趣味实验"滴水生火"开始的。在蒸发皿中放一小块金属钠和少量乙醚,然后滴入几滴水。学生马上就看到了异常的现象——滴入的水燃烧起来。能灭火的水为什么会燃烧呢？这顿时激起学生探究的欲望。随之,让学生亲自动手做钠与水反应的实验,并引导学生观察思考,顺利地把学生引导到对"钠"的学习。

【例2】 故事导入。在讲昆虫性外激素时,有的教师向学生讲了这样一个故事:"法国著名的昆虫学家法布尔,在1904年为了证明雌雄昆虫是靠性外激素相互吸引的,做了一个有趣的实验。在一个风雨交加的夜晚,在一所被丛林包围的黑房子里,法布尔把一只雌天蚕蛾扣在纱笼里,尽管是狂风骤雨,当天晚上还是有40多只雄蛾穿过风雨前来交尾。第二天晚上,他在雌蛾的周围撒满樟脑丸和汽油,结果一点也没有影响雄蛾前来寻找雌蛾。是什么因素使雄天蚕蛾能够风雨无阻地前来找到雌蛾呢？原来是性外激素发挥了巨大的威力。"什么是性外激素,它为什么在昆虫交尾中起这么大的作用,一系列的问题使学生展开了积极的思维,引起对学习性外激素的兴趣。

4.8　导入技能训练实践

请选择一个你感兴趣的课题,为之设计一个与内容相适的导入。时间要求:3～5分钟。并准备在下节课进行实践。在编写教案时请注意以下几点:

(1)你的导入与教学内容和教学目标是什么关系？

(2)你的导入是否符合导入程序？

(3)你的选材是否恰当? 例如,用以旧拓新的方法,新旧内容联系的"支点"是否明确,引起学生兴趣的材料是否有趣等。

(4)教案的结构是否紧凑,逻辑是否严密？

(5)你导入的是一节课、一个概念、一个原理,还是一个活动? 准备达到什么目的？

在导入技能的学习过程中进行两次活动。活动一:在小组内说课,共同讨论是否符合导入的要求,根据讨论意见修改教案。活动二:实践,每人根据修改的教案讲3～5分钟课,然后小组讨论是否达到了设计的目的。

4.9 导入技能的参考教案

导入技能的参考教案具体范例如例1、例2。

【例1】　　　　　微格教学教案(教/重教)

学校：_____　年级：_____　科目：_____　测量目标：**导入技能**

课题："沙漠里的船"角色扮演者：_____　指导教师：_____

年　月　日

教学目标	1. 通过题目"沙漠里的船"的分析、提问，导入新课，激发学生学习兴趣。 2. 通过新课导入，训练教师的导入技能。			
时间分配	教师的教学行为 （提问、讲解等内容）	教师应用的教学技能	学生的学习行为 （预想学生的回答）	准备的视听材料
1′	同学们好！现在开始上课。 请同学们看课题，看到这个课题，你们想到了些什么？	组织教学 设疑导入	集中注意力 学生发问：1. 沙漠是怎样的？2. 沙漠里有船吗？3. 沙漠里的"船"实际指的是什么？	挂出黑板 17. 沙漠里的船
2′	谁在电影、电视或图片中看到过沙漠，能给同学们说说沙漠是怎样的吗？	提问导入	学生发言描述沙漠景色	挂出沙漠图片
2′	对，沙漠宽广无边，到处是沙……	语言强化	注意听讲	
	沙漠很热，很荒凉，几百里甚至几千里不见人烟，这样的地方有船吗？那么"沙漠里的船"指的又是什么呢？	提问强化	学生回答：当然没有，是指骆驼	挂出骆驼图片
1′	现在老师把骆驼再简单地介绍一下……	描述性讲解	注意听讲、发问	
1′	那么，沙漠气候这样恶劣，环境这样不好，骆驼为什么能在那里生活呢？人们为什么把骆驼叫作"沙漠里的船"呢？这些正是我们通过课文学习，需要搞懂的问题。	深层次提问导入课题		
教师审批意见				

指导教师签名：_____

【例2】 　　　　　　微格教学教案(教/重教)

学校：_____ 年级：_____ 科目：_____ 测量目标：<u>导入技能</u>

课题："摩擦"主讲人：_____ 指导教师：_____

　　　　　　　　　　　　　　　　　　　　　　　　　年　月　日

教学目标	1. 复习二力平衡。2. 引入摩擦力的学习：以惊奇心理引起学习动机。3. 知道除重力、支持力还有摩擦力。4. 摩擦力常见于日常生活,所以有必要学习摩擦力。5. 培训教师的导入技能。			
时间分配	教师的教学行为 (提问、讲解等内容)	教师应用的教学技能	学生的学习行为 (预想学生的回答)	准备的视听材料
2′	同学们好！现在上课。 　前面我们学习了一个物体受二力的平衡条件和一个物体在受二力平衡时所处的状态。 　现在请大家想一个问题：这里有一个玻璃杯,内装满大米,手托着它处于静止状态,它受哪两个力? 　画出受力图示。 　如果手不托着杯子受力如何? 杯子将怎样运动?	组织技能 导入、讲解 提问 板书(画) 提问 演示 设疑	集中注意力 回忆识记二力平衡状态 回答：受重力和支持力,二力相等 回答：只受重力,杯子将自由下落	$\uparrow N$ $\downarrow G$
2′	现在请大家看：在米间插入一只筷子,并把米压实。手托杯子,杯子受重力和支持力,并且二力平衡。如果手不托着,而是手拿筷子,你们猜想会有什么结果? 　杯子和米仍处于静止的平衡状态,是什么原因? 　提示：从二力平衡想,除了重力外,还受什么力?	演示 暗示 提问间歇	观察 联想 预想 注意力集中	$\uparrow f$ $\downarrow G$
2′	对！它受重力外,还受到一摩擦力。 　画图。 　生活中我们见到的摩擦力可多啦！例如,手拿油瓶,油瓶越重,手握越紧;冬天人雪天,常见机动车打滑现象等。今天我们学习第十节摩擦。(板书)	语言强化 板书(画) 导入新课 板书	观察思考 回答：除了重力还受一个摩擦力 联想	投影片
教师审批意见				

　　　　　　　　　　　　　　　　　　　指导教师签名：_____

5 教学语言技能

教师的语言形式主要有课堂口语,即口头表达;书面语言,即用书面文字表达,如板书、作业批语等;身态语言,即用示范性或示意性动作来表达思想。在这三者之中,口头语言是课堂教学中语言表达的主要形式。因此,教学语言技能主要指口头语言。

5.1 教学语言技能的概念

教学语言技能是教师在课堂上为了完成教学任务,运用语言阐明教材、传授知识、组织练习、激发学生学习情绪而采用的教学行为方式。

教师是教学的主体,他必须对教材内容按照学生的认识规律加以组织、改造,并且用准确、生动、富于启发性的语言表达出来,以便于学生理解和接受。苏联著名教育理论家苏霍姆林斯基曾说:"教师的语言修养在极大的程度上决定着学生在课堂上的脑力劳动的效率。"

5.2 教学语言技能的目的

一、准确、清晰地传递教学信息

教学语言技能要保证准确、清晰地传递教学信息,以完成教育教学任务。语言是信息的载体,教学的主要任务之一是给学生新知识、新信息,这就要求教师要具有良好的语言技能。

二、使学生的智力能力发展,身心健康

教学语言技能要使学生的智力得以发展,能力得到培养。这就要求教学语言要形象生动,具有启发性。学生身心的健康发展要求有一个良好的环境,这个环境应当是愉快和谐、启迪智慧、积极紧张三者的统一。而这正是教师提供的,是教师运用完美的教学语言创设的。

三、促进教师思维发展和能力提高

不断提高教学语言水平,可以促进教师个人思维的发展和能力的提高。语言是思维的工具,语言能力的提高必然会促进思维的发展。

5.3 教学语言技能的构成

教学语言技能是由基本语言技能和适应教学要求的特殊语言技能两方面的因素构成的。

一、基本语言技能

基本语言技能是在社会交际中,人人都必须具备的语言技能。它包括以下诸要素:

(一)语音和吐字

在交际中,特别是在教学中,对语音的基本要求是要规范,即要用普通话来讲话,要求吐字清楚。造成吐字不清的主要原因是发音器官(唇、齿、舌)在发相应字音时不到位。只要有意识地矫正,并且经常练习,养成习惯,是完全可以解决的。

(二)音量和语速

说话声音太小,听不清楚;声音过大,不仅没有必要,而且使人听了不舒服,长时间强烈刺激,学生们注意力难保持,教师自己也很累。课堂口语音量的控制最好是在教室里安静的情况下,坐在最后一排的学生也能听清楚的状态。课堂口语还要注意音量的保持。听有些人讲话,常常是能听清前半句、听不清后半句。课堂上要求教师把每一句的最后一个字都清清楚楚地送进学生的耳朵,换句话说,就是要保持好音量。

语速是指讲话的速度。人们听话的能力有一定承受量,超负载则听不清楚。讲话的速度以每分钟多少字为适度呢?播音员的语速为每分钟350字左右。课堂口语的速度要慢一些,以每分钟200至250字为宜,便于学生理解、思考。过快过慢都会影响听课效果。

（三）语调和节奏

语调是指讲话时，声音的高低升降、抑扬顿挫的变化。根据表达的内容，运用高低变化、自然合度的语调，可大大加强口语表达的生动性。

节奏是指讲话时的快慢变化。它与语速有联系，但有区别。课堂口语的语速以每分钟 200 至 250 字为宜，但是每个字所占的时间并不一样，有的音长一些，有的音短一些，句中、句间还有长短不一的停顿。这些由音的长短和停顿的长短所构成的快慢变化，就是节奏。善于调节音程的徐疾变化，形成和谐的节奏，同样可以加强口语表达的生动性。

（四）词汇

在课堂口语中，对词语的要求如下：

规范：要运用普通话的词汇进行交流。方言词语在交流中是很大的障碍。

准确：表达一个意思，表达客观事物，要用恰当的词语。

生动：注意用词的形象性，注意词的感情色彩；能启发想象、联想，激发人的感情。

（五）语法和逻辑性

语法是用词造句的规则。这种规则，不是哪一个人（或者机构）规定的，而是在某一民族共同语言的长期历史过程中形成的。按规则表达，大家都懂；违背规则，则无法交流。

与语法相关的还有逻辑性，即在组织一段语言时，思路要顺畅，要合乎逻辑。合乎语法、合乎逻辑，语言才能连贯。

以上是基本语言技能，教师熟练掌握了基本语言技能，就为好的课堂口语表达打下了坚实的基础。

二、特殊语言技能

特殊语言技能是在特定的交流中形成的语言技能。教师的课堂口语技能则是在课堂教学的特殊语境中形成的。在课堂上，教师要从一定的教学目的、教学内容、教学对象出发来组织自己的语言，这就形成了课堂教学口语的特殊结构。

教师在课堂上无论是讲解还是提问，从一个完整的段落来看，课堂口语基本结构是由三个要素(阶段)构成的。即引入—介入—评核。

为了把问题说清楚,请先看一个实例。

某老师讲高一语文《拿来主义》的第一段开始部分(表 5-1):

表 5-1 课堂口语基本结构举例

教 学 行 为	要素(阶段)	功 能
1. 师:先看第一节,请同学们思考鲁迅先生在提出"拿来主义"主张之前,先批判了什么主义?×××(指定学生)	引入	界限标志点题、集中指名
2. 生:首先批判了"闭关主义"和"送去主义"。		
3. 师:噢,首先批判了"闭关主义"和"送去主义"对不对?请同学们考虑一下,那一节的重点在哪里?	介入	重复追问
4. 生:"送去主义"。		提示
5. 师:很好。重点是批判"送去主义"。	评核	评价、重复
6. 师:我们先看文章的第一二两句。"中国一向是所谓'闭关主义'。"什么叫"闭关主义"呢?鲁迅先生做了精辟的解释,怎样说的?	引入	界限标志点题、集中
7. 生:"自己不去,别人也不许来。"	介入	提示评价、重复追问
8. 师:对。"自己不去,别人也许来。"这就是说,怎么样啊?		
9. 生:排外。	评核	
10. 师:排外,盲目排外。……		扩展、延伸

这是一位语文教师讲解课文时,连续两个段落的教学用语,这两段课堂口语的结构是一致的,都是由引入—介入—评核三个要素(阶段)构成的。

(一)引入

教师用不同的方式,使学生对所学内容做好心理准备。在"引入"这个要素中,又有若干细节:

界限标志:指明一个新话题或者新的要求的开始。

点题、集中:明确新话题或者新的要求的日的。

指名:指定学生作答。

(二)介入

教师用不同方式鼓励、诱发、提示学生做出正确回答,或正确执行教师的要求。在"介入"这个要素中,又有若干细节:

提示：为使学生做出正确回答，教师提示问题、提供知识、提供行为的依据。

重复：对学生的回答做重复，目的是引起全体学生的重视，使学生做出判断。

追问：教师根据学生的答案（不完全正确或完全错误），提出问题，引发学生思考，得出正确的问答。

（三）评核

教师以不同的方式，处理学生的回答。在"评核"这个要素中，又有若干细节：

评价：对学生的回答加以评定。

重复：教师重复学生的答案，以引起重视。

更正：学生的答案仍不正确，教师予以分析、更正，并给出正确的答案。

追问：教师根据学生的答案（不完全正确或完全正确）继续提出问题，以引起学生深入而广泛的思考。

扩展、延伸：在已经得到正确回答的基础上，联系其他有关资料做分析，使学生对问题的认识更深入、更广泛。

5.4 应用原则与要点

教师在运用教学语言方面，应遵循下列基本原则。

一、学科性和科学性原则

（一）学科性

教学语言是学科的教学语言，因此必须运用本学科的专门用语——术语。这是因为每门学科都有自己的概念、理论系列，并通过它们所构成的理论体系来揭示其客观规律。这些概念、理论系列，是用专业术语来表达的。比如：在数学教学中的平行、垂直、相交、相切等。音乐教学中有音符、节拍、简谱、五线谱等。语文教学中，讲字，有象形、会意、指示、形声；讲词，有名词、动词、形容词、代词、副词、介词、助词等。地理教学中，有太阳辐射、大气环流、自然资源、月球、人口结构、岩溶地貌等。其他学科也如此。这些专业术语，是学科范围内的共同语言，准确地运用它们进行教学，一说就懂，且极为简明；不用这些术语，不仅不利于交流，而且往往会不严密，甚至可能出现错误。例如：在天文学中,称地球的唯一天然卫星为"月球",而在文学描写中多称"月亮"。

（二）科学性

教学语言的科学性指的是：第一,用词必须准确；第二,讲一段话,必须合乎事物自身发展变化的规律,合乎人们认识事物的规律,也就是说,必须合乎逻辑,语言严谨。

教学语言的科学性,是教学内容科学性的重要保证,而教学内容的科学性是教学中第一位的要求。比如,"线段"就不是"直线"或"射线"（数学）,"无色"就不是"白色"（化学）等。

二、教育性和针对性原则

（一）教育性

教师职业本身就使其教学语言具有一定的权威性。这里既有我们民族的传统文化心理的影响,也有学生出于学习的需要而产生的尊师心理的作用。因此,教师的教学语言对学生的思想情感、行为始终有着潜移默化的影响,有时甚至是决定性的影响。教师必须十分清醒地意识到这一点,十分注意教学语言的教育性。教师结合所教内容,把做人的原则教给学生；在组织教学的语言里多使用尊重、鼓励、爱护的字眼,调动学生的积极性,培养学生自尊、自爱、文明、礼貌的意识。

（二）针对性

教师课堂口语的针对性应从内容和表达两方面来研究。就内容说,它必须是在学生已有的知识和经验的范围内能够理解的,同学生的思想感情必须是能够相通的,不能超越学生的认识能力,也不能同学生的兴趣和需要相悖。就表达而言,教师的课堂口语应当是深入浅出、通俗易懂的,应当是简单明了、生动活泼的。那种"你不说,我倒还明白；你越说,我越糊涂"的、故弄玄虚的语言,那种重复啰唆、平板紊乱的语言,是不允许在课堂教学中出现的。

例如,一位教师在讲《捕蛇者说》的写作特点时,概括为：立意非奇,奇于蓄势。他说："什么叫蓄势？刚才我讲过,古人写文章很讲究'势'。他要说明这个问题,不是直接说,而是蓄了许多势之后,水到渠成,加以点明。关于这种蓄势的方法,我打个比方。我看过气功表演,叫'手劈石碑'。我看他劈的时候,不是一来就劈,而是先有运气的过程,他先围着石碑走两圈,边走边运气,把功集中到手掌上,然后瞅准机会,突然爆发一股力量,把石碑劈断。这个劈石碑的动作是关键性的,为了完成这个关键性动作,他也在'蓄势'。"

蓄势,是我国文学创作中的一种传统方法。要三言两语给初三的学生讲清楚,很不容易。这个老师借打比方,深入浅出地把这个问题讲清楚了。

要加强课堂口语的针对性,首先要提高教师的业务修养和语言修养。其次,还要提倡认真地研究学生。研究学生包括要研究不同学段、不同年级、不同环境(城乡差别)下,学生在知识、经验上的差别,研究不同年龄段学生的心理发展(智力和非智力发展水平)的差异,研究学生变化着的现实的思想情况和感情倾向,从学生的实际出发来选择和组织自己的课堂语言。

三、简明性和启发性原则

(一) 简明性

一节课,时间有限,语言不简明,则不能在有限的时间内完成既定的任务。教学语言不简明,传给学生听觉的是混乱的材料,学生听不明白,势必给其吸收带来极大的困难,并挫伤其学习积极性。

简明的语言,话虽不多,一听就能明白。这样的语言就表达内容来说,一定是经过提炼的、认真组织的;选词用语,一定是经过认真推敲的,甚至句式,也是经过严格选择的。

例如,一位老师讲《梁生宝买稻种》,最后是这样总结的:

梁生宝的生活境遇——苦

梁生宝的情绪——乐

梁生宝的心理可概括为——以苦为乐

他为什么能如此——"给群众办事,受苦也就是享乐"。

这位老师几句话,就使学生对梁生宝艰苦创业的精神有了深刻理解。

简明的语言,也包含留有余地的意思。留有余地,才能引起学生的思考。这样的课堂用语,本身就具有启发性。

(二) 启发性

启发性含有三重意思,即,启发学生对学习目的、意义的认识,激发他们的学习兴趣、热情和求知欲,使学生有明确的学习目的和学习的主动性;启发学生联想、想象、分析、对比、归纳、演绎,激发学生积极思考,引导学生分析问题,解决问题;启发学生情绪、审美情趣,丰富学生的思想感情。

怎样才能使教学语言具有启发性呢？

首先，教学语言要体现对学生的尊重的态度，要饱含丰富的感情。要求得到别人的尊重，这是每一个人的自我完善心理的具体反映。而教师对学生的尊重，则可以激发学生巨大的潜力，这种潜力，可以转化为学生在思想、道德、知识、能力等各方面的积极追求。因此，美国著名教育家保罗·韦地在概括"好教师的12种素质"时，把"尊重课堂内的每一个人"排在重要的位置上。教学语言中的丰富感情可以起到"以情激情"的作用，是激发学生产生美好的、高尚的情感体验的有效手段，而仅仅说教是徒劳的。

其次，教学语言要体现新旧知识的联系，要尽可能把抽象的要领具体化，使深奥的道理形象化。这样的语言，能激发学生丰富的想象和联想。学生或联想到其直接经验，或联想到其间接经验，从而发展思考能力。如"蓄势"释义。

再次，教学语言要能引起学生合乎逻辑地思考问题，这就要求教师的语言必须是逻辑性极强的语言。这一点，前面已经谈到了。教师要善于运用分析、综合、抽象、概括等思维形式来组织自己的教学语言，从而使学生的理性思维得到训练。

为使教学语言具有启发性，教师常常把教学内容做问题化的处理。问题的选择、问题的难易、提问的顺序和时机，都直接关系到教学语言的启发性。因此，在设计问题时，上述几方面都应做周密的考虑。

5.5　语言技能的评价

语言技能评价参见表5-2的格式。

表5-2　语言技能评价单(教/重教)

NO. _____　　　　　　　　　　　年　　月　　日

角色扮演者		科目			测量目标	语言技能
请您在听课后对以下各项评价，在适当评价等级上打"√"						
语言技能的教学目标和评价标准	评价成绩记录					权重
	很好	较好	一般	差		
1. 普通话准确						0.10
2. 语言清晰，音量、速度、节奏恰当						0.10

(续表)

角色扮演者		科目			测量目标	语言技能

请您在听课后对以下各项评价,在适当评价等级上打"√"

××技能的教学目标和评价标准	评价成绩记录				权 重
	很好	较好	一般	差	
3. 语言通顺、连贯,音调有起有伏					0.10
4. 语言表达准确、规范、条理性好					0.20
5. 感情充沛,有激励作用					0.10
6. 目的性明确,主次分明,表达简明,重点适当重复					0.10
7. 语言有启发性、应变性					0.10
8. 使用身态语,目光、表情、动作姿势恰当,起强化作用					0.10
9. 运用语言中,能与学生相互交流,学生积极性高					0.10

您还有什么意见? 请写在下面。

评价员: _____

6 讲解技能

6.1 讲解技能的概念

所谓讲解技能,是指教师运用语言(有时借助各种直观手段),引导学生对教学内容的基本概念、原理和规律等进行分析、综合、抽象、概括、巩固而应用的教学行为方式。

讲解的实质是通过语言对知识的剖析和揭示,剖析其组成要素和过程程序,揭示其内在联系,从而使学生把握其实质和规律。显然,语言技能是讲解的一个条件,但不等同于讲解技能,这好比是建筑材料与建筑物的关系。讲解技能注重于组织结构和表达程序。

讲解有两个特点：其一，在主客体信息传输（知识传授）中，语言是唯一的媒体；其二，信息传输由主体传向客体，具有单向性。如图 6－1：

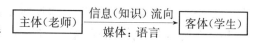

图 6-1　信息传输形势

讲解的优点：一是"省"。与实验、实习、实物等教学方式相比，省时、省力和省钱。二是"有效"。由于教师的精心组织，信息传输的密度比较高，减少了学生认知中的盲目性，而有高速高效的效果，因而能获得满意的考试成绩。

讲解的缺点：一是置学生于被动地位，不利师生交流和获取反馈信息。二是只听不动手，无直接的感性材料，学生无亲身体验的经历。常言道，"百闻不如一见，百见不如一干"。不动手便无法培养学生的实践能力，如同"在黑板上学驾驶技术"一样。第三个缺点是只靠听，信息保持率（记忆）不高。尤其是满堂灌式的讲解，由于学生注意力不可能长时间保持高水平，加上信息本身的干扰，其信息保持率会很低。据有关实验测试表明：讲解 15 分钟，学生可记住内容的 41％；讲 30 分钟，只记住前 15 分钟内容的 23％；讲 40 分钟，则只记住前 15 分钟内容的 20％了。

讲解技能的适用范围：尽管讲解为教师提供了充分的主动权、控制权，讲得好时，会得到学生的喝彩和崇敬，给人以鼓舞。但它不是教学的唯一方式，不能替代其他方式。它只能在它能发挥作用的范围内起作用，并与其他技能合理搭配才能取得好的教学效果。那么，讲解技能适用范围有哪些呢？一般说来，在知识的综合、概括和总结阶段，讲解是必要和有效的；应用知识时，通过讲解引导、定向也是有利的。因此，讲解要与其他教学技能相配合，例如，实验观察前的提示和说明，之后的分析和总结；观看电影、录像、幻灯片的解说和提示；组织实践活动的意义分析、问题说明和总结；解题的提示与指导；讨论和自学的分析和总结；讲解与板书的配合等。配合得当会取得很好的效果，弥补单纯讲解的不足。

此外，内向性学生比较喜欢教师讲解；小班级讲解效果会好一些。讲解包括朗读、背诵和自然式（即席式）讲述。一般说来，读和背只能偶尔穿插运用，多采用有提纲的、自然的、即席的讲解，这样会取得良好的效果，也受学生欢迎。

6.2　讲解的目的

讲解的目的与教学大纲的目的和课程目标体系、课堂教学目标都是一致的。但由于其本身的局限性，它的目的范围也是有限的。如靠单纯讲解获取反馈信息是比较困难的(尽管学生的眼神和表情有所流露)，但如果与问答和练习相结合就不难解决反馈问题。这里所谈的目的是侧重讲解本身而言的，其目的有如下三点：

(1)讲解的首要目的是传授知识，使学生了解、理解和充分记忆所学的知识。

(2)通过生动、活泼和有效的讲解，使学生产生学习的兴趣进而形成志趣。并通过讲解内容的思想性来影响学生的思想。

(3)通过讲解启发学生的思维，并传授思维的方法和表达、处理问题的方法，从而为提高学生的能力创造条件。

6.3 讲解技能的类型

讲解技能的类型可依据不同的标准、层次进行划分。结合我国的实际情况，一般划分为解释式、描述式、原理中心式和问题中心式四种基本类型。

一、解释式

又称说明式、翻译式。解释是经常、普遍运用的一种讲解方法。通过讲解将未知与已知联系起来。因其讲解内容的不同又可分为：

(1)意义解释。例如：什么是微格教学？微格教学是指……

(2)结构、程序说明。例如：天平的结构和如何使用天平？……

(3)翻译性解释。例如：文言虚词"而""耳""尔"是什么意思？

(4)附加说明。例如：用万用表测试铜，得出铜能导电的结论。然后又说，铜是金属，金属中存在自由电子，所以能导电。这就是附加说明。

解释式讲解，一般适用于初级的、具体的、事实性的知识。对于高级的、抽象的、复杂的知识，单用解释方法难以收到好的效果。

二、描述式

又称叙述式、记述式。描述的对象是人、事和物。描述的内容是人、事、物的发生、发展、变化过程及其形象、结构、要素。描述的任务是使学生对描述的事物、过程有一个完整的形象，有一定深度的认识和了解。根据描述的方式不同，描述又可分为以下两个亚类：

（1）结构要素性描述：例如，对北京市的描述；对《水浒传》中黑旋风李逵的描述；对某一次原子弹爆炸现象的描述等。对于这类描述要注意揭示事物结构的层次关系和要素间的关系。突出重点，抓住关键。注意运用生动、形象的比喻和类比方法。

（2）顺序性描述：按事物发生、发展变化的先后顺序进行描述。例如，X光的发现过程；《红楼梦》作者曹雪芹的生平；电冰箱的生产过程等。其具体描述手法，还可分为顺叙、倒叙、插叙等。此种描述要注意事物发展的阶段性，注意抓住事物发展的关节点，而不是无重点、无要点，流水账式的叙述。

描述的知识多是形象的、具体的、初级的。描述可以提供大量的材料，激发学生形象思维（如联想、想象）的发展。但是，描述难以胜任抽象知识的传授，也难以培养学生的逻辑思维（概念思维和理论思维）的能力。描述讲解也是大量应用的一种讲解方式。

三、原理中心式

即以概念、规律、原理、理论为中心内容的讲解。按讲解内容，可分为要领中心式和规律中心式。例如：什么是函数、极限、压强、鱼、鸟等，这都是指概念；什么是阿基米德定律、万有引力定律、勾股定理等，是指规律。按逻辑方法，又可分为演绎中心式和归纳中心式等。

原理中心式讲解是教学中最重要、最基本的一种教学式。这是因为概念规律的教学是基础教学中的核心部分。

原理中心式讲解，从一般性概括的引入开始，然后对一般性概括进行论述、推证，最后得出结论，既而又回到一般性概括的复述（见图6-2）。

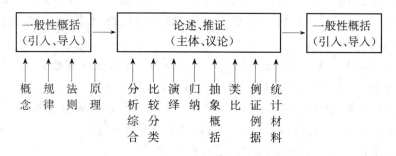

图6-2　原理中心式讲解的一般模式

一般性概括，即概念、规律、法则、原理的表述、论述和推证，即运用分析、比较、演绎、归纳、抽象、类比、概括等逻辑方法论证,在推证过程中,还要提供有力的证据、例证和统计材料,而后得出结论。论述和推证的过程也就是揭示现象与本质、个别与一般、已知与未知、一事物与他事物、事物要素之间的内在联系和关系。

四、问题中心式

即以解答问题为中心的讲解。"问题"即未知,它从实际中来,以事实材料为背景。"解答"即由未知到已知的认知过程,认知的关键是方法。有了有效的方法,也就有了"过河的船和桥","过河"就不再是空话。问题中心式讲解,具有一定的探究性,使用得当对启发学生思维,培养能力大有好处。

问题中心式讲解可归纳为如下一般程序:

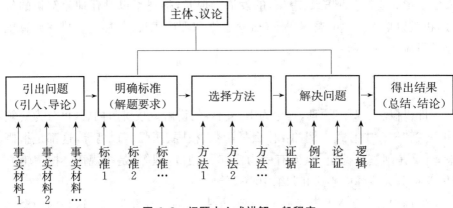

图 6-3　问题中心式讲解一般程序

问题中心式讲解首先由事实材料引出问题,也可直接提出问题,再明确解决问题的标准;然后选择解决问题的方法,用各种方法进行分析、比较,用解题标准去衡量,确定采用某种较理想的方法,进而解决问题。在此过程中要提供证据,进行论证,提出例证,并进行逻辑推理;最后得出结果,并进行总结。举例:

跳伞运动员落地的速度一般在 6 m/s 以内才不致受到撞地引起的伤害。那么跳伞运动员在平时无伞练习着地动作时,从多高跳下才合适?

事实材料:即已知量,$v_0 = 0$,$v_t = 6$ 米/秒,是自由落体运动,g 取 9.8m/s^2

标准(要求):即求解量 $h = ?$(精确到小数点后两位)

选择方法:(1)自由落体运动　$2gh = v_t^2$　　　　　　$h = v_t^2/2g$

　　　　　　(2)机械能守恒　$mgh = 1/2\, mv_t^2$　　　　$h = v_t^2/2g$

（3）动能定理　　　　$mgh = 1/2\ mv_t^2 - 1/2\ mv_0^2$　　　$h = v_t^2/2g$

解决问题：选择以上三种方法之一解题，并得到答案。

综合上述四种类型的讲解，可归纳出讲解技能的一般模式：

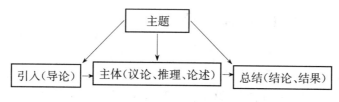

图 6-4　讲解的组成及关系

四种类型的讲解，从讲解过程上看有共同的组成，即由引入（引入题目的导论）、主体（议论、推理、论述）和总结（结论、结果）三个部分组成。三个部分都不能脱离主题。

6.4　讲解技能应用原则与要点

一、应用原则

（1）目标要具体、明确。

（2）准备要充分，认真分析讲解的内容，明确重点和关键，搞清问题的结构要素及要素间相互的内在联系。

（3）证据的例证要充分、具体、贴切。

（4）讲解的过程、结构要组织合理，条理清楚，逻辑严密，结构完整，层次分明。

（5）增强对学生的针对性。如学生的年龄、性别、兴趣、能力、背景、知识水平、认知能力、旧知识掌握状况等，都是针对的内容。

二、应用要点

（1）注意语言技能的运用。如语速适当，语音清晰，语义准确、精练、有趣，语调亲切、抑扬动听，音量适中并富于变化等。

（2）注意讲解的阶段性。一次讲解时间不要太长，一般不要超过 15 分钟，以 10 分钟以下为好，长的讲解可分成几段进行。

（3）注意突出主题（重点）、难点，关键要在讲解中加以提示和停顿。

（4）注意变化技能的运用，这样会提高记忆效果。

（5）注意反馈、控制和调节。

（6）注意讲解技能与其他技能的合理配合。

6.5　讲解的具体范例

讲解的具体范例见例 1、例 2。

例 1　一位老师讲解"鱼"这个概念时是这样进行的：

引入：大家都见过鱼，吃过鱼，也可能养过鱼，那么什么是"鱼"呢？

论证：要认识什么是鱼，就要分析鱼的特点。鱼有些什么特点呢？鱼是动物，在水中生活，有鳞、尾、鳍，用鳃呼吸……如海中的黄花鱼、水塘中的草鱼、供人观赏的金鱼等都有上述特点。

可是，鲸是鱼吗？鲸在水中生活，有鳍、尾，但用肺呼吸，不是鱼。鳄鱼是鱼吗？鳄鱼在水中也在陆地上生活，有鳞无鳍，用肺呼吸，也不是鱼。泥鳅是鱼吗？泥鳅在水中生活，有鳍、尾无鳞，用鳃呼吸，它是鱼……

通过分析、比较可以看出，用鳃呼吸是鱼的特有属性；在水中生活，有鳞、尾和鳍的动物是鱼的一般属性。所以可以得出如下结论。

结论：鱼是有尾、鳞和鳍，并用鳃呼吸的水生动物。

说明：本例讲解，应用了分析、比较、抽象、概括、典型例证的思维方法。从类型上说是以概念、归纳为中心的讲解。同时，这个讲解技能与板书、提问等技能相配合，才取得较好的效果。

【例 2】　有位数学老师讲"三角形"的概念时，在黑板上画了一组图形（见图 6-5），先让学生判断：

（1）　　　　　　　　　（2）　　　　　　　　　（3）

图 6-5　"三角形"构图

老师：（指导学生回答）哪一个图形是三角形？（激发学生的兴趣，启发学生思考。)

学生:判断出图(2)是三角形时,便很快概括出三角形的定义。

结论:由三条线段所组成的封闭图形为三角形。

在这里的讲解是通过板图让学生进行观察比较、抽象、概括,使学生能很快认识三角形的本质特征。

6.6 讲解技能的评价

讲解技能评价参考表 6-1 的格式。

表 6-1 讲解技能评价单(教/重教)

NO. _____   年   月   日

角色扮演者		科目			测量目标		讲解技能
请您在听课后对以下各项评价,在适当评价等级上打" √ "							
讲解技能的教学目标和评价标准		评价成绩记录					权重
		很好	较好	一般	差		
1. 讲解覆盖了重要内容,有价值							0.15
2. 讲解时采用了丰富而清晰的感性材料							0.10
3. 讲解条理清楚							0.15
4. 讲解内容、方法符合学生认知水平,易被理解							0.05
5. 用词贴切,重视关键词							0.05
6. 举例恰当,学生感兴趣							0.15
7. 运用提问、谈话与学生互动							0.05
8. 语言富感染力,速度恰当							0.10
9. 面向全体和激励调动学生的程度							0.10
10. 注意学生的反应,帮助学生深化、巩固知识							0.10
您还有什么意见?请写在下面。							

评价员:_____

7 提问技能

7.1 提问技能的概念

提问技能是指通过师生的相互作用,来检查学习、促进思维、巩固知识、实现教学目标的一种主要教学行为方式。

教师还从学生现有的发展水平出发,通过一些影响学生的认识能力的问题来引起学生的主动性,而且不断地激发他们,引导他们获得新的认识和产生新思想。

7.2 提问的目的

(1) 课堂上教师针对学生的思维特点有计划地提出问题,可以激发学生学习动机,促使其积极思维、主动求知。

(2) 提问过程是揭示矛盾和解决矛盾的过程。通过矛盾的解决,使学生逐步认识事物,抓住问题的本质。

(3) 问题的设计一般是以旧知识为基础的,它可以督促学生及时复习巩固旧知识,并把新旧知识联系起来,系统地掌握知识。

(4) 通过提问可集中学生的注意力,激发学习的兴趣,活跃课堂气氛,并从中培养学生的语言表达能力。

(5) 从教师来说,能及时了解学生的学习情况,获得改进教学的反馈信息。对学生来说,可参与教学、强化学习。

7.3 提问的类型

在教学中,需要学生学习的知识是多种多样的,有事实、现象、过程、原理、概念法则等。对这些知识有的需要记忆,有的需要理解,有的又需要分析和综合。学生的思维方式也有不同的形式和水平。这就要求教学中所提的问题不能是千篇一律的，应包括多种类型。

一、回忆提问

（1）只要求回答"是"与"不是"、"对"与"不对"的二选一提问。这类问题比较简单，要求学生对老师的提问做出迅速的反应，回答这类问题时不需要进行深刻的思考。

（2）要求对单词、词组或系列句子的回忆的提问。这类问题要求学生回忆已学过的事实、概念等，所回答的句子一般要求和教材上的表述一字不差。例如，老师："诗歌创作的关键是什么？"学生："意境。"老师："什么是诗歌的意境？"学生："意境是通过对富有特征事物的描绘，与诗人内在的情意有机地结合而创造出来的情景交融、含义深远的生活画面。"这种由一个单词到包含系列句子的具有一定思想的回忆提问，是向较高级理解提问的过渡。

简单的回忆提问易限制学生独立思考的能力，没有给他们表达自己思想的机会，课堂看上去很活跃，实际上学生没有动脑、有口无心。教师在课堂上不应过多地把提问局限在这一等级上，而是应有所节制。一般在课的开始，或对某一问题的论证初期，使学生回忆所学过的概念或事实等，为学习新知识提供材料时采用。

二、理解提问

（一）一般理解

要求学生用自己的话对事实、事件等进行描述。例如：你能叙述光合作用的过程吗？你能用自己的话复述一下故事情节吗？

（二）深入理解

让学生用自己的话讲述问题的中心和关键，以便了解其是否抓住了问题的实质。例如：在语文教学中经常要让学生讲述文章的中心思想。如，老师："《荔枝蜜》一文是按作者对蜜蜂怎样的感情变化的发展来组织材料的？"

（三）对事实、事件进行对比，区别本质的不同，达到更深入的理解

例如：在《故乡》这篇小说的教学中，通过提问让学生比较少年闰土与中年闰土的语言、外貌有什么不同。让学生理解个性化语言对表现人物性格的作用，以及通过人物外貌变化的描写来提示主题的意义。

一般来说,理解提问多用于新学知识与技能的检查;了解学生是否理解了教学内容;某个概念或原理的讲解之后,或课程的结束阶段。学生回答这些问题时,必须对所学过的知识进行回顾、解释、重新组合,因而是较高级的提问。

三、运用提问

运用提问是建立一个简单的问题情境,让学生运用新获得的知识和回忆过去所学过的知识来解决新的问题。许多数学问题和理科的概念教学常用到这类提问。例如:在生物教学中用根毛吸水的原理说明盐碱地为什么不利于植物的生长。

四、分析提问

分析提问是要求学生识别条件与原因,或者找出条件之间、原因与结果之间的关系后,再行作答的提问方式。这类问题包括:构成要素分析,要素间关系分析,组织原理分析。如从作品中识别作者的意图、观点、态度。

所有的高级认知提问不具有现成的答案,所以学生仅靠阅读课本或记住教师所提供的材料是无法回答的。这就要求学生能组织自己的思想,寻找根据,进行解释或鉴别,进行较高级的思维活动。对分析提问如何回答,教师要不断地给予指导、提示和帮助。教师除鼓励学生回答外,还必须不断地给予提示和探询。学生回答后,教师要针对回答进行分析和总结,以使学生获得对问题的清晰理解。

这样的提问,如:

(1)家鸽的结构是如何与它的飞翔生活相适应的?

(2)《小桔灯》一课中明明写的是一个七八岁的小姑娘,作者为什么却用"小桔灯"作标题?

五、综合提问

这类问题的作用是激发学生的想象力和创造力,通过对综合提问的回答,学生需要在脑海中迅速地检索与问题有关的知识,对这些知识进行分析综合得出新的结论,有利于能力的培养。

(一)分析综合

要求学生对已有材料进行分析,从分析中得出结论。

例如,森林对人类有什么意义?破坏森林会造成什么后果?这就要求分析树木的光合作用能给人类提供氧气,保持大气中二氧化碳的平衡;根对于土壤有保持水土的作用;森林与人类生活的关系,提供木材,防止风沙等,从而预见到破坏森林可能给人类带来的恶果。

（二）推理想象

要求学生根据已有的事实推理,想象可能的结论。这类问题能够刺激缺乏独创精神的学生创造性地进行思维,适合作为笔头作业和课堂讨论教学。

综合提问的表达形式一般如下:

根据……你能想出问题的解决方法吗?

为了……我们应该……?

如果……会出现什么情况?

假如……会产生什么后果?

六、评价提问

无论在分析提问还是综合提问之后,无论答案怎样出色,都要求学生分析其理由是否充分,结论是否正确,表达是否准确,对答案进行分析综合,估计其价值。在教学中应该鼓励学生进行判断和给出判断的理由,这样做会使他们回答问题的理由十分明晰。在进行这种提问前,应先让学生建立起正确的价值思想观念,或给出判断评价的原则,以作为他们评价的依据。

评价提问的表达形式通常如下:

你认为……? 为什么?

你同意……? 为什么?

你相信……? 为什么?

你觉得……? 为什么?

你喜欢……? 为什么?

例如:

（1）你认为民间音乐好还是宫廷音乐好? 为什么?

（2）你喜欢古诗词还是现代诗词? 为什么?

以上六类提问中,回忆提问、理解提问和运用提问主要用于检查学生对知识的掌握程度,一般只有一个正确的答案。学生用所记忆的知识照原样回答即可,不需要更深入的思考。教师判断学生的回答也较容易,只简单地分为正确或错误。故被称为低级认知提问。而分析提问、综合提问与评价提问,是在学生的内心引起新知识的问题。通常不是只有一个正确答案,学生需要在原有知识的基础上,对所学对象进行分析、综合、概括等组织加工,才能得出正确的答案。教师判断时,主要根据提问的意图来判断答案是否有道理,有无独创,或者在几个答案中比较哪一个更好些。这类提问被称为高级认知提问。

7.4　提问技能应用原则与要点

一、提问的应用原则

（1）要设计适应学生年龄和个人能力特征的多种水平问题,使多数学生有机会参与回答。

（2）注意明确问题的重点,问题的内容要集中(以免产生歧义)。

（3）问题的表达要简明易懂,最好用学生的语言提问。

（4）结合教学内容的实际情况,利用学生已有的知识,合理设计问题,并预想学生可能的回答及处理方法。

（5）依照教学的进展和学生的思维进程提出问题,把握提问的时机。

（6）以与学生一起思考的心情提问,不用强制回答的语气和态度提问。

（7）提问后不要随意地解释和重复,有时用词稍微不同,问题的意思会发生微妙的变化,偏离主题。

（8）当学生思考不充分或抓不住重点,对问题不能正确理解时,教师不要轻易代替学生回答。应从不同的侧面给予启发和引导,培养他们独立思考的意识和解决问题的能力。

（9）教学过程中教师头脑中浮现的问题不要脱口而出,要考虑它在教学中的作用和意义。

（10）学生回答后,教师要给予分析和确认,使问题有明确的结论,强化学生的学习。

二、提问的要点

提问不仅是为了得到一个正确的答案,更重要的是让学生掌握已学过的知识,并利用旧知识解决新问题,或使教学向更深一层发展。为了使提问能达到预期的目的,教师还必须掌握提问的要求。

（一）清晰与连贯

要使问题表述清晰，意思连贯，事先必须精心设计，并要求表达措辞恰当，概念准确。

（二）停顿与语速

在进行提问时，除把握好提问时机外，提问过程中和提出问题后，还应有必要的停顿。前者使学生做好接受问题与回答问题的思维准备，后者便于学生对问题进行思考。

停顿对于教师和学生都有一定的意义。教师提出问题后停顿一下可以环顾全班，观察学生对提问的反应，这些反应一般都是非语言的身体动作或情绪反应。停顿时间长短同样也为学生发出一定信号，停顿时间较短，表明问题简单要求迅速作答，停顿时间较长（三秒钟以上），表明问题比较复杂，要求仔细从多方面思考。

关于提问的语速，是由问题难易程度所决定的。容易作答的提问可以用较快的速度叙述。难于作答的提问，除了提问后应有较长时间的停顿外，还应仔细缓慢地叙述，以使学生对问题有清晰的印象。

（三）指导与分配

任何一个班级，因基础、理解能力、表达能力、性格、所处教室方位等不同，对老师提问的响应程度和答案的正确程度亦不同。教师应合理分配问题，不应忽视内向生、"差生"、教室两边和后面的学生，应充分调动每一位学生的学习积极性。并妥善保护"后进生"的积极性和自尊心，耐心指导他们，鼓励他们。要避免七嘴八舌地喊答或不必要的齐答，控制课堂秩序。

（四）提示与探询

提示是由为帮助学生完善答案而给出的一系列暗示所组成的。当回答不完全或者有错误时，为了使回答完整则需要提示。提示的目的主要是使学生的回答有重点，指示问题的方向和帮助表达困难的学生（搀扶着前进）。

探询提问，是引导学生更深入地考虑他们最初的答案，更清楚地表达自己的思想。

7.5 提问技能的评价

提问技能评价参考表 7-1 的格式。

表 7-1 微格教学定性评价单(教/重教)

NO._____   年   月   日

角色扮演者		科目			测量目标	提问技能
请您在听课后对以下各项评价,在适当评价等级上打"√"						

提问技能的教学目标和评价标准	评价成绩记录				权重
	很好	较好	一般	差	
1. 问题内容明确、重点突出					0.15
2. 联系旧知识、解决新问题					0.10
3. 问题设计包括多种水平					0.15
4. 把握提问时机和启发性					0.10
5. 问题表述流畅					0.05
6. 适当的停顿					0.05
7. 提示适当					0.15
8. 提问面向全体,照顾各类学生					0.05
9. 对答案确认、分析、评价,使多人明确					0.10
10. 对学生的鼓励、批评适时恰当					0.10

您还有什么意见? 请写在下面。

评价员:_____

8 演示技能

8.1 演示技能的概念

演示技能是教师根据教学需要,借助各种教学媒体(实物、样品、标本、模型、图画、图表、幻灯片、影片和录像带等),进行实际表演和示范操作,为学生提供感性经验和传递教学信息的教学行为方式。

8.2 演示技能的目的

演示在教学中能起到"百闻不如一见"的作用,其目的有:

(1)借助感性材料,通过观察和实验活动,能使学生的感性认识和理性认识相联系,印象深刻,容易理解。

(2)因演示是由教师根据规范的操作来完成的,学生可以学到正确的操作技术和方法,是培养学生实验技能的基本环节。

(3)一个单元或一次课的开始,运用演示导入新课,能引起学生强烈的好奇心,凝聚注意力。

(4)利用模型或直观教具可以表现受条件限制肉眼看不到的结构或现象,帮助学生领悟新知识、新概念。

(5)语文和外语等文科教师的范读、领读、示范发音也是演示。例如:在朗读时,运用语调的抑扬顿挫、语量的强弱大小、语音的长短轻重、语速的缓急快慢来表达丰富的思想感情,以此来感染学生、打动学生,使学生有模仿的对象。

8.3 演示技能的类型

一、分析法

从分析实验现象入手,启发运用感知到的材料进行系统分析,导出新概念,获得新结论。

二、归纳法

通过提出问题,观察若干个实验或几组系列实验,归纳总结出概念或规律。

三、质疑法

结合实验操作和变化,提出思考问题,让学生讨论回答。

四、引奇激趣法

教学中为了时时牵住学生的好奇心,增强学习的主动性,教师的演示应增加趣味性和奇特性。

五、展示法

图片、实物教具的展示,形象直观、印象深刻。

六、声像法

有声有色、能动能静、变化多样、新奇生动、科学性与趣味性完美结合的视听材料,更能引人入胜。

8.4　演示技能应用原则与要点

一、针对性和目的性

选择的演示要针对教学内容的重点、难点,能为教学服务,目的明确。

二、适用性和鲜明性

适用性:仪器美观,大小适中,操作简便,耗时短。
鲜明性:实验现象鲜明、直观,便于观察。

三、示范性和可靠性

示范性:能规范、正确地给学生示范。
可靠性:确保成功,确保安全。

四、演示与讲授的统一性

演示与讲授(解释)密切结合,及时将感知转化为积极的思维活动,理解实验的本质。

为了做好演示实验,教师需铭记下列十二项要点:

① 安全第一;② 百发百中;③ 准备迅速;④ 装置简易;⑤ 简单明快;⑥ 容易理解;⑦ 现象明显;⑧ 便于观察;⑨ 示范准确;⑩ 整洁有序;⑪ 用料经济;⑫ 钻研改进。

其中关键要点可概括为准确安全、简易明显、便于观察和理解本质四项。

8.5 演示技能的评价

演示技能评价参见表8-1的格式。

表8-1 微格教学定性评价单(教/重教)

NO. _____   年   月   日

角色扮演者		科目			测量目标	演示技能
请您在听课后对以下各项评价,在适当评价等级上打"√"						
演示技能的教学目标和评价标准	评价成绩记录					权 重
	很好	较好	一般	差		
1. 演示的目的:突出教学重点						0.10
2. 演示前将仪器的使用解释清楚						0.10
3. 演示有启发性并指明观察方向						0.15
4. 装置简单、可靠,用时短						0.10
5. 演示现象明显,直观性好						0.20
6. 演示程序步骤清楚						0.10
7. 演示中操作规范,示范性好						0.05
8. 演示与讲解结合恰当						0.10
9. 演示时确保安全						0.05
10. 对得出的结果能实事求是、科学地解释						0.05
您还有什么意见?请写在下面。						

评价员:_____

9 板书技能

9.1 板书技能的概念

板书技能是教师为辅助课堂口语的表达或概括教学内容而采用的将文字或图表或其他符号写在黑板上,或写在投影片、多媒体课件上的教学行为方式。

板书有两种,一种是教师在对教学内容进行高度概括的基础上,提纲挈领地反映教学内容的书面语言,往往写在黑板的正中,称之为正板书。正板书是教师在备课过程中精心设计的,一般都作为教案的一部分事先写好。另一种是在教学过程中,因为学生听不清或听不懂,或者作为正板书的补充或注脚而随时写在黑板上的文字,往往写在黑板的两侧,称之为副板书。这里主要研究正板书技能。

9.2 板书设计的目的

一、揭示教学内容,体现教材结构和教学程序

例如:《春》的板书设计

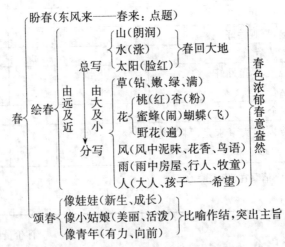

二、激发兴趣,启发思考

好的板书常常引起学生一系列积极的心理活动,首先便是激发兴趣,集中注意力。如许多教师画板图本领特别强,学生在赞叹之余,往往会集中全部注意力,充满浓厚兴趣地看着黑板,看着教师。

如果黑板上突然出现学生意料之外的板书内容,更令学生好奇生趣。如:在天文课上,教师要讲"月球背面是可见的"这一内容,然而在学生眼前出现的板书却是:

"1 000 瓶葡萄酒"

这"1 000 瓶葡萄酒"和"月球背面是可见的"有什么关系呢?原来法国一个富有的实业家在一次晚宴上宣称,谁要是让他看见了月球的背面,他就从存放在家中地窖里的百年上等葡萄酒中取出 1 000 瓶来奉送给这位人士。显然,这位实业家在说这番话的时候不曾料到他的假想竟会成为现实。事隔数周之后,苏联自动站拍摄下的月球背面的照片就传遍了全世界。一天,一个不寻常的集装箱运到了莫斯科。这位信守诺言的法国实业家果真送来了 1 000 瓶上等葡萄酒。新年前夕,这酒就分给了所有参加过发射火箭和为宇宙航行做过准备工作的同志们。而那位记下法国实业家打赌这则消息的人破格分得了两瓶。这样的板书,必定会激发学生的兴趣,调动他们的学习积极性。

三、强化记忆,减轻负担

板书直观、鲜明,且是对知识的高度概括和条理化反映,故便于学生记忆。

优秀教师讲课,尽管一节课内容多,又有一定难度,但学生往往凭借板书就能把一节课的内容原原本本复述下来,甚至事过很长时间,一想起板书就能回忆起这节课的内容。

好的板书,对学生还是一种美的享受,漂亮的字体、巧妙的构思,既使学生感到板书的形式之美,还能感受到老师内在的品格之美。

9.3　板书的类型

一、提纲式

提纲式的板书,是对一节课(一篇课文)的内容经过综合的分析,按顺序归纳出几个要点,提纲挈领地反映在板书里。这样的板书设计,条理清楚,便于学生对学习内容和结构的理解和记忆。

二、表格式

表格式的板书有化繁为简、对照鲜明的特点。这样的板书可以加深对事物特点及属性的认识,培养分析概括的能力。

三、图示式

图示式的板书(见图 9-1)用文字、数字、线条、关系框图等来表达。这种板书适用于将分散的相关知识系统化,将某一专题内容进行分析、归纳和推理,或提示某一专门知识的若干要素及其联系。

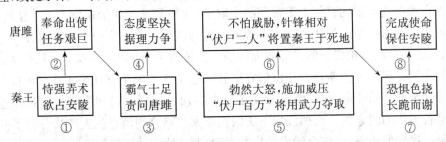

图 9-1 《唐雎不辱使命》的板书设计

注:箭头符号表示课文记述顺序。① 出使原因,②～⑦ 出使经过,⑧ 出使效果。

如此板书便把全文情节的发展,以及人物性格的形成,标示得十分清楚。

四、综合式

综合式板书或将教学中所涉及的几个方面的知识内容,综合地反映在板书里;或将零散孤立的知识“串联、并联”起来,形成系统化、简约化知识网络。

五、计算式和方程式

以数学运算式来表述,文字少、逻辑性强,应用于讲解计算题。在化学课中,还有以化学方程式为主的板书。

9.4　板书技能应用原则与要点

（1）从教材内容出发，同时要与教学目的联系起来设计板书。教材内容，是设计板书的依据；教学目的，规定着板书设计的主题和结构，甚至影响着板书的语言。

（2）设计板书要注意启发性、条理性、简洁性，以利于学生对教材内容的联想和记忆。

（3）设计板书还要注意文字、语言的示范性。字形正确，语言规范，书写要工整。

（4）教师应在备课时设计板书，并把设计好的板书作为一项重要内容写到教案上。

9.5　具体范例

一位教师在讲《董存瑞舍身炸碉堡》一文时的板书设计如下：

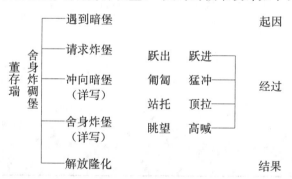

这篇课文的教学采用了板书总结的结束方法，系统、有条理、直观、简洁，便于学生理解、记忆。

9.6　板书技能的评价

板书技能评价参考表 9-1 的格式。

表9-1　板书技能评价单（教/重教）

NO. _____　　　　　　　　　　　　　　　年　　月　　日

角色扮演者		科目		测量目标	板书技能
请您在听课后对以下各项评价,在适当评价等级上打"√"					

板书技能的教学目标和评价标准	评价成绩记录				权重
	很好	较好	一般	差	
1. 与教学内容紧密联系、结构合理					0.20
2. 板书有条理、简洁					0.15
3. 文字规范					0.10
4. 尺寸恰当、直观					0.10
5. 板书、板画与讲解结合恰当,书写速度适宜					0.10
6. 板书、板画增强语言表达力的程度					0.10
7. 板画简、快、准的程度					0.10
8. 应用了强化性的板书(如使用彩笔),使重点、关键点醒目,强化记忆					0.15
您还有什么意见? 请写在下面。					

评价员: _____

10　变化技能

　　教学不仅是一门科学,也是一门艺术。形成教学艺术特色的因素有很多,其中较重要且容易观察和训练的是教学活动方式的变化,即变化技能。

10.1 变化技能的概念

变化技能是指教师在课堂上教学形式、教学方法的变化,即教学过程中信息传递、师生相互作用和各教学媒体、资料的转换方式,是教师根据课堂实际情形而运用应变措施的教学行为方式。

"变化是兴趣之母",变化对学生的刺激,引起学生兴趣,是把无意注意过渡到有意注意的有效方式。它能使教学充满生气,是形成教师个性与风格的主要因素。

10.2 变化技能的目的

(1) 唤起学生学习热情,引起和保持注意力,丰富学习环境。

(2) 创造引起学生学习动机的条件,引起学生的无意注意和有意注意,增强学生对某一课题的兴趣。

(3) 利用多种传输通道传递信息,利用多种感官感受信息。

(4) 为学生提供多样化参与教学的机会。

10.3 变化技能的类型

在实际课堂教学中变化是丰富多彩的,任何分类都不一定准确,如果把教学中大部分主要的变化方式归纳一下,大致分三类:教态的变化,信息传输通道及教学媒体的变化,师生相互作用的变化。

一、教态的变化

教态的变化是指教师讲话的声音,教学中使用的手势和身体的运动等变化。这些变化是教师教学热情及感染力的具体体现。教态变化的使用不需要借助其他工具就可以实现,因此是最基本、最常用的变化技能。

（一）声音的变化

声音的变化是指教师讲话的语调、音量、节奏和讲话速度的变化。它可使教师的讲解生动、富有戏剧性和重点突出，可引起和保持学生的无意、有意注意。

有经验的教师在引起学生议论某事之后，开始声音变弱以平稳低沉的语调接着讲解，学生立即安静下来，更加专心地去听讲。而一位缺乏训练、经验不足的教师往往在课堂气氛热烈，学生在议论某事时不善于利用声音的变化，为了使学生安静下来，他可能不耐烦地加大音量说"别吵了！请安静！"等话语，这种方式一般不易奏效，且会影响学生的学习热情和教师的威信。

（二）停顿

停顿在特定的条件和环境下传递着一定的信息，也是引起注意的一种有效方式。如在讲述下一故事或概念之前，在讲解中间做一个短暂的停顿，能有效地引起学生的注意。停顿时间一般在三秒左右为宜，时间过长则令人难以忍受。

对新教师来说，他们往往害怕停顿和沉默，当出现沉默时，他们常常用重复陈述或提问来填补。而有经验的教师则善于运用停顿的时机和时值，为学生思考或集中注意留出时间。恰当地使用停顿和沉默并与声音变化结合起来，会使人感到讲解富有节奏而不觉枯燥。

（三）目光接触

眼睛是心灵之窗，目光是人与人之间感情交流的重要方式。教学中教师应利用目光接触来与学生增加感情上的交流。

实践证明，讲话者要与倾听者建立良好的交流关系，他应该有 70% 左右的时间注视着倾听者并使对方感觉到这种注视。这样的谈话才能继续，倾听者在谈话中若对所谈内容感兴趣会注视讲话者，若一半时间不注视讲话者则说明他对对方所讲内容不感兴趣，他的表现是对讲话者的一种暗示或挑战。作为教师，讲话要面对全班，使用从注视全班到部分学生的变化方法。与每个学生都有目光接触会使学生增加对教师的信任感，并喜欢听其讲课。且从与学生的目光接触中，教师还可以获得信息反馈，了解学生对讲解的内容是否感兴趣，是否在注意听，是否听懂了。

在教学中，特别是在教学内容的讲解和提问中，教师切忌目光游离不定，注视天花板或窗户，这对师生之间的信息交流是十分不利的。

教师与学生的目光接触可以表达教师对学生的期待、鼓励、探询、疑惑等情感,也可以表达对学生的暗示、警告和提示。教师与学生目光接触的变化运用得好,会给学生留下深刻的印象。

(四)面部表情

情感是打开学生智慧之门的钥匙,课堂上师生间情感的交流是形成和谐的教学气氛的重要因素。在师生情感的交流中,教师的表情对激发学生的情感具有重要作用。如,许多教师都懂得微笑的意义,他们即使在十分疲倦或身体不适的情况下,只要一走进教室也总是面带微笑,学生会从教师的微笑中感受到教师对他们的关心、爱护、理解和友谊。学生会从爱老师、爱上老师的课到欣然接受教师对他们的要求和教育。

(五)头部动作和手势

教师的头部动作和手势也可以传达丰富的信息,是与学生交流情感的又一种方式。在与学生交流过程中学生可以从教师的点头、摇头等动作获得回答问题或调整回答的鼓励。教师这样做既鼓励了学生又可不中断学生的回答,使学生感到良好的民主气氛。这使得学生愿意谈自己的意见和感受,回答问题,主动地参与教学活动。

教师不满意学生的回答或行为时可以运用摇头、耸肩和皱眉等方式来委婉地表达自己的情感。这比用语言直接表达更富有表现力,更易于让学生接受。

教师运用手势可以帮助学生理解与方位、数量、事物层次等有关的概念和要点。恰当地运用手势配合口头语言表达可以加重语气、突出重点,使学生加深印象。

(六)身体的移动

身体的移动是指教师在教室内身体的位置的变化,身体的移动有助于师生情感的交流和信息传递,使课堂变得有生气。如果教师总站在课堂的一个位置,课堂会显得单调而沉闷。恰当地运用身体的移动能激发学生的兴趣、引起注意、调动学生的学习积极性。

教师在课堂上的移动大致有两种。一种是在讲课时并不总站在一个位置上,而是在讲台周围适当地走动,使学生都能看到黑板的各个部分。另一种在学生回答、做练习、讨论、做实验时,教师在学生中间走动,从讲台上下来,走到学生中间缩短了教师与学生之间的空间距离,使学生从心里感到与教师接近。因此,教师走到学生中间可以密切师生关系,利于师生间感情的交流;在走动中教师还可以对学生进行个别辅导,解惑答疑,检查和督促学生完成学习任务。

二、信息传输通道和教学媒体的变化

　　人对客观事物的感知是通过视觉、听觉、嗅觉、触觉、味觉五种感官来完成的。为了获得对客观事物的全面了解,这五种感官必须协同活动才能完成。从信息传输理论上看,每一种信息传输,其传递信息的效率不同(见表 10-1),容易疲劳的程度不同。所以在教学中适当地变化信息传输通道和与之相应的教学媒体(视、听材料和动手机会),尽可能地使用学生的多种感官,才能有效地、全面地向学生传递教学信息。

表 10-1　五种感官的感官效率

感官效率:	
味觉	1.0%
触觉	1.5%
嗅觉	3.5%
听觉	11.0%
视觉	83.0%
通过各种感官获得信息的记忆效率:	
读	10%
听	20%
看	30%
听、看结合	50%
理解后再表达	70%
动手做及描述	90%

三、师生相互作用的变化

　　在课堂上,教师、学生和教学内容三者之间存在着相互作用。学生在教师指导下学习教学内容,完成学习任务。为了更好地促进学生的学习,教师应在课堂上变换与学生的相互作用方式。

(一)师生交流方式的变化

　　在课堂教学中的教师应采用多种方式与学生交流,了解学生的想法及在学习中遇到的问题,以便获得全面的教学信息反馈。这些交流方式有:教师与全体学生(讲课)、教师与个别学生(辅导)、学生与教师(答疑)、学生与学生

（讨论）、学生与教学内容（自学）。看起来似乎很简单，但从我国目前的课堂教学实践来看，师生交流主要还是以教师与全体学生的方式进行的。

（二）学生活动安排的变化

在课堂教学中，应根据需要安排一定时间用于学生的个别学习、小组讨论和学生实验等，以激励学生对参与教学的兴趣，让他们练习如何听取别人的意见，培养他们的独立思考能力。

10.4　变化技能应用原则与要点

（1）在设计课堂教学时要针对不同的变化技能确立具体的目标。

（2）选择变化技能时要针对学生的能力、兴趣、教学内容和学习任务的特点。

（3）变化技能之间，变化技能与其他技能之间的联接要流畅，有连续性。

（4）变化技能是引起学生注意的方式，引起学生的无意注意和有意注意之后，就进入教学过程。此时变化技能（如身体的移动等）要慎重使用，否则会分散学生的注意力。

（5）变化技能的应用要有分寸、不宜夸张，教师在课堂上的表现不同于戏剧表演。如果变化技能使用过多、幅度太大就会喧宾夺主，影响教学效果。

10.5　变化技能的评价

变化技能评价参见表 10-2 的格式。

表 10-2　变化技能评价单(教/重教)

NO. _____　　　　　　　　　　　　　　　　　　年　　　月　　　日

角色扮演者		科目		测量目标		变化技能
请您在听课后对以下各项评价，在适当评价等级上打"√"						
变化技能的教学目标和评价标准	评价成绩记录					权 重
	很好	较好	一般	差		
1. 音量、音调变化						0.10

(续表)

变化技能的教学目标和评价标准	评价成绩记录				权 重
	很好	较好	一般	差	
2. 声音的速度、缓急和语言中停顿					0.10
3. 语言强调恰当					0.10
4. 面部表情变化恰当、自然					0.10
5. 手势和动作变化					0.10
6. 目光移动并与学生接触					0.10
7. 身体移动恰当					0.10
8. 运用的教学媒体有变化					0.10
9. 给学生机会触及、操作					0.10
10. 师生相互作用活动变化					0.10
您还有什么意见？请写在下面。					

评价员：＿＿＿＿＿

11 强化技能

11.1 强化技能的概念

"强化"是一个心理学概念，"使有机体在学习过程中增强某种反应，重复可能性的力量称为强化"。强化是塑造行为和保持行为强度不可缺少的关键。

所谓强化技能是指教师在教学中所运用的一系列促进和增强学生反应和保持学习力量(劲头)的教学行为方式。

11.2　强化技能的目的

（1）鼓励学生集中注意力,激起学习兴趣,引起学习动机。
（2）促进学生积极参与教学活动。
（3）赏识学生努力的成果。
（4）形成与改善学生的正确行为（如守纪、勤思、好学等）。

11.3　强化技能的类型

一、语言强化

它是教师运用语言（如表扬、批评等方式）来强化教学的行为。例如：在学生回答正确后,教师评价其"非常好""太棒了""这是一个非常好的想法""回答得好极了,进步真快"等。又如：在小组讨论时,表扬这个组合做得很好。

二、标志强化

它是教师运用一些醒目的符号、色彩对比等各种标志来强化教学活动的行为。如：

（1）学生在黑板上演算、书写后,教师写上评语"好"；用彩笔在黑板上打"√"标志；在作业中加评语、五星等。

（2）在讲解重点、关键地方的板书中加标志（如加彩色圆点、彩色线条等）,引起学生注意。

三、动作强化

它是教师运用有效动作强化教学的行为。如用非语言方式（身态语）肯定或否定学生课堂的表现。

（1）微笑。对学生的表现表示赞许。
（2）点头、摇头。对学生的表现表示肯定或否定。
（3）拍手鼓掌、举手。对学生的表现给予强烈的鼓励或同意。
（4）接触。教师接触学生,起到暗示、关心的强化作用。

（5）接近。教师走到学生身边，站住，倾听讲话，观看其活动等，或坐到正在进行讨论的小组中，表示关心他们的讨论和活动。

四、活动强化

教师指导学生用学生自己的行为相互影响，学生自我参与，自我活动达到强化，起到促进学习的作用。如：

（1）有针对性地叫学生参与课堂练习，给他们提供表现的机会。或通过设置问题"陷阱"，叫同学解答，"先错后纠"，达到强化学习的作用。

（2）请同学"代替教师"帮助教师进行演示实验。例如：某教师在讲完"压强"一章内容后，组织学生分成 5 个小组，准备 5 个压强小实验，轮流上讲台演示、说明，并提出相应的问题，由全班同学讨论回答，然后判定正误。这样既提高了同学的积极性，活跃课堂氛围，还达到了强化学习的效果。

（3）给个别学生布置新的、高一级的观察练习和习作练习等，促进学生进行新的学习活动。

（4）采用竞赛性活动。

五、变换方式进行强化

它是教师运用变换信息的传递方式，或变换活动方式使学生增强对某个问题反应的一种强化。对同一教学内容、概念、规律、词汇等，教师采用不同的强化刺激，达到促进学习的效果。

例如：某教师在讲"天平的构造"时，先用实物天平讲授其构造及如何调节天平，再用挂图叫学生识记，然后用模型拆装，叫学生从不同角度分别识别。最后，叫学生使用和调节天平，并画一幅天平简图，写上各部件名称。这样将仪器、插图、模型、实物、练习相结合，变换活动并重复几次的方式，强化了学生学习天平的知识。

11.4　强化技能应用原则与要点

一、目的明确

强化技能应用时一定要将学生的注意引向学习任务上来，提高学生参与教学活动的意识。帮助学生采取正确的学习行为，以表扬为主，促进学生的学习行为。

二、注意多样化

要注意运用的灵活性,并要适合于班级、年龄和学生能力。个别强化要适合个别学生,不求一律,力求有目的的多样化强化。

三、强化要恰当、合适、自然

使用强化技能应恰到好处,若使用不当反而会分散学生注意力。如采用动作强化时,过分频繁的走动和接触学生,也会分散学生注意力,或引起反感。又如,采用标志强化时,使用的彩色标志过多或五颜六色,弄得眼花缭乱,没有突出关键,达不到强化的目的。再如,低年级学生回答问题后,教师用鼓掌能达到很好的强化效果,而在高年级学生答对后,采用全班同学鼓掌方式表扬,就可能使作答的学生受窘,反而适得其反。当给一个学生惩罚性强化时,使用批评应个别化并恰当,如果采用全班批评,反而带来负面强化效果。

四、应用强化技能时,教师的教学情感要真诚

教学要热情、诚恳,才能使对学生的情感性传递产生积极有效的影响。即使是批评的惩罚性强化,也应以等待、期望的深深情感打动学生,起到强化作用。生硬地、不恰当地表扬、接近、接触学生,不但无作用,有时反而产生不良效果。

11.5 强化技能的评价

强化技能评价可参考表 11-1 的格式。

表 11-1 强化技能评价单(教/重教)

NO. _____   年   月   日

角色扮演者		科目			测量目标	强化技能
请您在听课后对以下各项评价,在适当评价等级上打"√"						
强化技能的教学目标和评价标准		评价成绩记录				权重
		很好	较好	一般	差	
1. 强化引起了学生的注意						0.20
2. 强化目的明确						0.10

（续表）

强化技能的教学目标和评价标准	评价成绩记录				权重
	很好	较好	一般	差	
3. 强化促进了学生参与教学活动					0.15
4. 在教学重点、关键处运用了强化技能					0.15
5. 教师在运用强化时热情、真诚					0.10
6. 强化恰当、合适、自然					0.10
7. 强化的多样性和灵活性					0.10
8. 整个教学进程自然、流畅、科学					0.10
您还有什么意见？请写在下面。					

评价员：＿＿＿＿＿＿＿＿＿

12 组织技能

12.1 组织技能的概念

在课堂教学过程中，教师不断地组织学生注意听课，管理学生纪律，引导学生建立和谐的教学环境，帮助学生达到预定课堂目标的行为方式，称为课堂组织技能。

12.2 组织技能的目的

一、组织和维持学生的注意

中小学生注意的特点是：有意注意虽有发展，但无意注意仍起主要作用；情绪易兴奋，注意力不稳定。为了有效地组织学生的学习，教师必须重视随时唤起学生的注意。正确地组织教学,严格地要求学生,对唤起有意注意起着重要作用。它既有利于学生养成有意注意的习惯,也有利于意志力差的学生借用外因的影响集中有意注意。

因此,教师向学生提出正当合理要求,建立正常的课堂常规,都有唤起和维持学生注意的作用。

二、引起学习兴趣和动机

采用多种教学组织形式是激发学生兴趣,形成学习动机的必要条件。在教学中,教师根据学科特点、知识特点和学生的特点,采用不同的教学组织形式,能够调动学生的积极性,使他们兴趣盎然地参与教学。

三、加强学生的进取心和自信心

在课堂秩序管理方面,不同的组织方法在学生的思想、情感等方面会产生不同的效果。

当学生出现课堂纪律问题时,是给予斥责、罚站、加大作业量等惩罚,还是分析原因、启发诱导、实事求是、合情合理地进行解决。不同的方法对学生的近期和长远发展都会产生不同的影响。惩罚假如能使学生反省和奋发努力,尚可以产生积极的效果。但如果惩罚不当,就会增加他们的失败感、自卑感,对老师产生反感,并挫伤学生的积极性。

任何学生都有自己的特点和长处。教师在组织课堂纪律的时候,对于个别学生既要严格要求、认真管理,又要看到他们的长处,肯定他们的长处,因势利导地进行教育。只有这样,才能逐渐加强他们的自信心和进取心,克服缺点错误,向好的方面转化。

四、帮助学生建立良好的行为标准

中小学生的行为有时不符合学校或社会对他们的要求,这时就需要教师在讲清道理的同时,用规章制度所确立的标准来指导他们、约束他们,使他们懂得什么是好的行为,为什么要有好的行为,以形成自觉遵守纪律的良好习惯。履行规则,帮助学生实现自我管理,树立良好的行为标准,是教师在课堂上对学生进行思想教育的一个重要的方面。

五、创造良好的课堂气氛

课堂气氛是整个班级在课堂上情绪和情感状态的表现,只有积极的课堂气氛才符合学生求知欲旺盛的心理特点。关系融洽和谐、富有感染力、催人向上的教育情境,易使学生全身心投入学习,保持兴奋状态,产生情感上的共鸣,促进学生的思维和记忆,便于其接受和掌握知识。

12.3 组织技能的类型

一、管理性组织

管理性组织是指课堂纪律的管理。其作用是使教学能在一种有秩序的环境中进行。

对于课堂纪律的衡量标准,过去和现在有着不同的看法。以前认为一个班级纪律好坏的基本尺度,是看它上课时是否安静。现在,人们主张课堂不能像过去那样令人感到压抑,教师不是独裁者,要充分发挥学生学习积极性和主动性。课堂是学习的场所,既要使学生生动活泼地进行学习,又要有纪律作为保障。因此,教师在进行课堂管理组织时,既要不断地启发诱导学生,又要不断地纠正某些学生的不良行为,保证课堂教学的顺利进行。

(一)课堂秩序的管理

在课堂上可能会出现迟到、看课外书籍、做其他功课、交头接耳、东张西望、吃零食、不专心学习等行为。其原因可能是多方面的,如教师课前准备不足,讲课时东拉西扯远离主题,缺乏系统,而导致学生不专心;考试成绩不理想,或同学之间闹矛盾,或出现家庭矛盾等,使学生心情欠佳,从而不能专心学习;社会的不良影响,使学生对学习不感兴趣等。有时课程的安排也会影响学生的情绪。如刚上完体育课,就要学生来考虑数学、语文等中的问题,也难使学生做到精神集中。

要解决这些问题,老师首先必须从关心、爱护学生出发,了解他们的问题,倾听他们的心声,和他们交朋友,然后对症下药提出要求,用课堂纪律约束他们。只有这样,他们才能心悦诚服地听从老师的指导。请仔细体会下面的对话:

老师:张小刚,今天你怎么迟到了,发生什么事了吗?

小刚:是的,老师,走到半路我的自行车坏了,我推车跑到学校,还是迟到了。

老师：你为了遵守校规,维护班集体的荣誉,推车跑到学校很好。但以后要注意早一点从家里出来,防止意外。

小刚：是,记住了。

老师：请坐下安心学习,课间我帮你修车。

小刚：谢谢老师。

在处理课堂一般秩序问题时,教师可用暗示的方法,如用目光暗示,或在暗示的同时配合语言提示"个别同学刚才恐怕没有听见我说的话吧","我的话是不是每个同学都听到了呢,我表示怀疑"。在这种暗示还不能起到作用的时候,教师也常常边讲解边走向不专心的学生,停留在他的身旁,或拍拍他的肩膀,以非语言行为暗示或提示,减少对其他学生的影响。

（二）个别学生问题的管理

无论课堂规则制定得多么切合实际,教师多么苦口婆心地诱导、教育,个别学生总会出现一些问题。我们应该认识到,个别学生的不良行为,大多数不是他们道德观念上的产物,一般是出于好奇,或不正常的心理表现。教师应当创造一种互相信任、自然、亲切的气氛,在没有抵触、厌恶的情况下,对他们施加教育影响。对个别的问题,教师不妨使用下列三种方法：

（1）做出安排,使他们不能得到奖赏,从而自行停止不良行为。这种方法是当个别学生的不良行为在课堂上出现时,只要不影响大局,不会对他周围的学生造成大的干扰,就不予理睬。在可能的情况下,安排其他学生进行一些活动,抵消他的干扰。如引导学生观察挂图、标本、模型等,或讲述一个生动的实例,用幽默的语言活跃一下课堂气氛等,吸引学生的注意。应该认识到,教师如果能学会避免对不良行为做出反应,就能更恰当地驾驭学生的课堂行为。如教师对个别学生斥责、恼怒等表现会强化他们的不良行为。对这种行为不予理睬,反倒排除了对他的奖赏,使他感到灰溜溜的没有趣味,从而削弱它。

（2）奖励与行为替换。教师为有不良行为的学生提供合乎要求的替换行为。例如：有的学生在课堂讨论时总爱打闹,影响讨论的正常进行,教师可指定他专门思考一个讨论要点,在小组讨论中发言。如果在小组发言较好,再让他对全班讲,并给予表扬和鼓励,使个别学生在不良行为和替换行为之间做出选择,从替换行为中得到心理的满足。为了达到效果,对替换行为的奖赏必须是强有力的,足以让其放弃不良行为,而选择替换行为。

（3）教育和惩罚相结合。对个别学生的惩罚不是目的,而是一种教育的手段,如果在惩罚之前帮助学生明辨事理,使其明白对他的惩罚是合理的,就可能产生更好的效果。在学生明白道理以后,会产生一种内疚感,认识到这是他不良行为所造成的必然结果。

苏霍姆林斯基认为:"假如你只是从教室的讲台上观察学生,假如学生仅仅因点名才走近你,假如他跟你的交谈只限于回答你的问题,那么无论什么样的心理学知识也帮不了你的忙。应该像对待同伴和直言规劝的朋友那样跟孩子们打交道,同他们一道分享胜利的喜悦和失意的忧伤。"

二、指导性组织

(一) 对阅读、观察、实验等的指导组织

阅读、观察、实验等是学生进行学习的方式,如何使学生迅速投入这种学习,并掌握这种学习方法,需要教师在课堂上不断进行指导性组织。

阅读在文科教学中是培养学生能力的一个重要方面,在理科教学中也不可忽视。学生在没有掌握阅读方法之前,常常是从头读到尾,把握不住重点。教师若利用阅读提纲或提出问题的方式加以指导,使学生学会读,且读有所得,能抓住关键进行思考,为下一步学习任务或回答做好思想准备,这样就能逐步提高阅读兴趣和能力。

观察是持久的注意,是带着观察的目的对对象的各方面进行研究。一般地看一看所学习或研究的对象并不等于观察。在准备让学生观察时,首先要让学生明确为什么要观察。为了使学生明确观察的目的和观察的内容,常常采取提问题的方式,让学生通过观察去解决。如,生物教学中指导学生对"细胞吸收水分的实验"的观察,目的是让学生了解在细胞周围溶液的浓度不同时,细胞会产生吸水和放水现象。观察重点是,实验中所加入溶液多少的变化,被试物(萝卜、土豆等)软硬的变化。观察中思考的问题是:为什么会产生这些现象? 说明了什么? 通过这样的指导组织,学生才能较顺利地通过观察进行学习。

(二) 课堂讨论的指导组织

讨论是一种有计划、有组织,学生积极参与的独特的教学方式。当课题富有争论性或具有多种答案时,运用讨论的方法是最合适的。

讨论的特点是使班上的每个人有机会参与学习活动,促使他们积极地思考问题,真正成为学习的主体。在讨论中每个学生都要认真地思考课题,给予反应,彼此启发,相互补充,对问题做出结论或概括。这样学生就变成了知识

的主动追求者,而不是被动接受者。

在讨论中个人参与交流的程度随分组的大小而定。如分组较小,每个成员都有机会发表自己的看法;分组较大,不善于发言者可能自动退出讨论。讨论的形式,可根据讨论的目的,班级的大小和学生能力,采取多种形式,主要有以下几种:

(1)全班讨论:当学生还不能自行领导讨论,或某些问题需要全班一起明确时,可采用全班讨论的方式。在这种形式中,教师是讨论的领导者。教师提出问题后,发动学生相互交流,并作为其中一员参加讨论。因此,这种方式能保证交流或争论向着预期的目标顺利进行。讨论的成败,在很大程度决定于教师的启发、引导能力。其缺点是不能使每个人都有发言的机会。

(2)小组讨论:这种形式把全班分成几个讨论小组,每个组有主持人和记录员。当讨论进行时,教师要一个组一个组地去听取发言,并给予必要的指导。这种类型的讨论,必须限定时间,才能使学生把精力放在主要问题上,不在枝节问题上浪费时间。小组讨论后,每个小组要把讨论的情况进行概括总结,并向全班汇报。

(3)专题讨论:这种形式是选几名学生组成一个专题小组,每人对所选论题从不同方面做发言准备。然后他们在整个班上发表自己的意见,其他同学要边听边记下每个人发言的要点,准备发表支持的或不同的见解。发言结束后,教师引导全班进行讨论,对选题做出明确的结论。

(4)辩论式讨论:这种方式是将某一问题持相反意见的学生分成两组,在有准备的情况下,让他们发表自己的观点,阐述理由批驳对方的观点。采取这种方式时,辩证的题目必须有明确的含义和范围。主持人在开始时要有简短引言,结束时要进行总结。总结要充分肯定辩论的成绩,指出不足之处,对于结果有时可不做结论。

对于讨论指导的要求是:首先,论题应具有两个以上的答案,且没有简单、现成的答案。要达到这一点,教师必须对论题进行深入的揣摩。其次,论题要能够引起学生兴趣,源于他们所熟悉的,但又不十分明了的问题。再次,为了讨论能顺利进行,要给学生适当的时间事前准备,在讨论中要善于点拨和诱导,使所有人参与讨论。最后,要制定应该遵守的规则,以防混乱争吵或把争论变成个人冲突。

三、诱导性组织

诱导性组织是在教学过程中,教师用充满感情、亲切、热情的语言引导、鼓励学生参与教学过程,用生动有趣,富有启发性的语言引导学生积极思维,从而使学生顺利完成学习任务。

（一）热情鼓励

这种组织方式，既适用于成绩好的学生，更适用于成绩较差或不善于表达的学生。比如，教师在让学生回答问题时，后两类学生一般都比较紧张，这时教师应亲切柔和地告诉他们："不要慌，胆大些，错了没关系。"当学生回答得不准确，或词不达意时，教师应首先肯定他们的优点及回答正确的部分，然后鼓励说："我知道你心里明白，只是语言还没组织好。"接着给予提示，使他们能较好地表达自己的思想。对于不能回答问题的学生，要比较委婉地进行处理。比如说："如果你再仔细考虑一下，我相信你能回答这个问题，请坐下再考虑一下。"经过这样不断地鼓励和引导，他们会积极参加到教学过程中来。

（二）设疑激发

激发学生产生疑问，引起学习的欲望，是调动学生学习积极性，深入思考问题的一种办法。首先教师要善于提出问题，特别是要求学生掌握内容，而学生的理解又比较肤浅时，要激发学生产生疑问。当学生要求解决矛盾的积极性被调动起来之后，紧接着是使学生会思考，学会运用理论，运用科学的思维方法去求得矛盾的解决。

教师要启发学生学习，是引导而不是拉拽，是激发不是压抑，是诱导不是代替。也就是说，教师除了通过提问激发学生学习的积极性之外，还要启发诱导掌握科学的思维方法。例如：种子中含有水分实验的结论，是以小麦种子加热后在试管壁上出现水珠而证明的。如当实验出现结果时，某位教师以一连串的问题来引导学生，使学生从个别（小麦种子）的实验结果，推导出一般的结论——种子中含有水分。

教师：在实验中你们观察到了什么现象？

学生：试管壁上出现了水珠。

教师：水是从哪里来的？

学生：是小麦种子受热后散发出来的。

教师：这说明了什么？

学生：说明了种子里含有水分。

教师：我们是以什么材料进行实验的？

学生：小麦种子。

教师：以麦种做实验的结果说明了什么呢？

学生：说明了小麦种子含有水分。

教师：对啦。这个实验只能说明小麦种子里含水分。其他种子里是否有水分，还要通过实验来证明。科学家进行了大量的实验，证明了种子里都含有水分，才得出了"水分是组成种子的一种成分"的结论。

在这样的课堂教学组织中，教师不是生硬地灌输知识，也不是代替学生思考，把结论灌注给学生，而是积极启发诱导，使学生沿着一条正确的思维路线，科学地得出结论。

12.4　组织技能应用原则与要点

根据中小学生心理发展的特点，搞好课堂组织，为充分发挥组织技能在引起学生注意，建立和谐课堂气氛，培养学生良好道德品质等方面的作用，应遵循以下几项原则。

一、明确目的，教书育人

教书育人是课堂组织的重要任务。通过课堂组织的作用，使学生明确学习目的，热爱科学知识，形成良好的习惯。在教学中教师严谨的治学态度，精湛的教学艺术，高度的责任感，对学生都有言传身教、潜移默化的作用。

二、了解学生，尊重学生

每个学生都有自己的兴趣、爱好和个性特点。在课堂上，教师只有了解学生才能根据每个学生的不同特点，用不同的方法进行教育和管理。在对学生进行管理的时候，要尊重他们的人格，坚持正面教育，以表扬为主，激发积极因素，克服消极因素。因此，有经验的教师发现学生注意力不集中时，不是斥责、挖苦讽刺，而是通过各种方式给予暗示或引导。即使对个别学生，也不在课堂上、在全班同学面前斥责他。课上冷处理，课下解决问题。

三、重视集体，形成风气

舆论是公正的，有威力的。良好的课堂风气一旦形成，可使学生在集体中得到熏陶和教育。如一些优秀班主任的班级有一种特别的气氛，这种气氛就像雨后田野上的春风，清新、温暖、沁人心脾、令人振奋。那些不守纪律的孩子一走进那个教室，就情不自禁地有所顾忌和收敛，时间长了，就被教育和熏陶过来。

集体的精神世界和个人的精神世界是相互影响的。每个人从集体中吸取有益的东西,从集体中得到关心和帮助,在集体的推动下不断进步。每个人丰富多彩的精神世界,又使得集体生动活泼,显现出无限生机。

四、灵活应变,因势利导

教育机智是指教师对学生活动的敏感性,以及能对学生所发生的意外情况快速地做出反应,及时采取恰当措施的能力。教育机智主要体现在教师机敏的应变能力,能因势利导,把不利于课堂的学生行为引导到有益学习或集体活动方面来,恰到好处地处理个别学生问题,或根据实际情况,灵活地运用多种教育形式和方法,有针对性地对学生进行教育。

五、不急不躁,沉着冷静

遇事不急不躁是教师的一种心理品质。它是以对学生的热爱、尊重与理解,及高度的责任感为基础的,只有这样,教师才能公正地对待每一个学生,尊重和维护学生的自尊心,耐心地引导他们进行学习。也只有这样,教师才能在遇到意外情况时,沉着冷静,不为一时的感情冲动左右;处理问题时,随时意识到自己对社会、对学生所承担的责任,考虑自己行为的后果,从教育的根本利益和目标出发,处理好所面临的各种复杂问题。

12.5 组织技能的评价

组织技能评价可参考表 12-1 的格式与内容。

表 12-1 组织技能评价单(教/重教)

NO. ＿＿＿＿＿＿＿＿＿＿   年   月   日

角色扮演者		科目		测量目标	组织技能
请您在听课后对以下各项评价,在适当评价等级上打"√"					

组织技能的教学目标和评价标准	评价成绩记录				权重
	很好	较好	一般	差	
1. 应用语言恰当,组织恰当,控制效果好					0.20
2. 应用目光暗示配合语言组织教学					0.15

（续表）

角色扮演者		科目		测量目标		组织技能

请您在听课后对以下各项评价,在适当评价等级上打"√"

组织技能的教学目标和评价标准	评价成绩记录				权重
	很好	较好	一般	差	
3. 应用及时反馈,控制、调节教学					0.20
4. 变化组织方式,学生自始至终处于积极状态					0.15
5. 组织不同层次的学生投入教学状态					0.10
6. 懂得处理少数和多数、个别与一般,方法恰当					0.10
7. 课堂气氛自然、活跃,师生相互作用好					0.10
您还有什么意见? 请写在下面。					

评价员:＿＿＿＿＿＿＿

13　结束技能

13.1　结束技能的概念

结束技能是教师在课堂教学结束阶段或讲授相对独立的一段知识的结尾时所采用的教学行为方式。

通过归纳总结、实践活动、转化升华、巩固提高等教学活动,对所学知识及时地系统化、巩固和运用,使新知识有效地纳入学生原有的认知结构中。运用这项技能,还能及时反馈教与学的效果,让学生感受到掌握新知识之后的愉悦感;也可设置悬念,留下问题,促使学生的思维活动深入展开,诱发继续学习的积极性。

13.2　结束技能的目的

课堂教学的基本结构,像写文章和演讲一样,一般由三个部分组成,即导入、中心和结束部分。精要的、完善的"结束",一般可达到以下目的:

(1) 重申所学知识的重要性或应注意之点。

(2) 概括本单元或本章节的知识结构,强调重要事实、概念和规律的关键。

(3) 可引导学生把已学的知识系统化,来重建学生的认知结构。

(4) 布置思考题和练习题,对所学知识及时复习、巩固和运用。

13.3　结束技能的类型

一、系统归纳

在教师指导下,让学生动脑动手,总结知识的规律、结构和主线,及时强化重点,明确关键。小结时,可采用"纲要信号"、图示或列表对比等方式。

二、比较异同

将新学概念与原有概念,或将并列概念、对立概念、近似的易混淆的概念分析比较,既找出它们各自的本质特征或不同点,又找出它们之间的内在联系或相同点,就能对概念理解更加准确、深刻,记忆更加牢固、清晰。

例如,在"原子"这一节的结尾,可进行原子与元素的对比(见表 13-1):

表 13-1　原子与元素比较

	原　子	元　素
定义	化学变化中的最小微粒	具有相同核电荷数的同一类原子的总称
区别	① 既论种类,又论个数,是颗粒。例如,可以说"几个氢原子"。 ② 在微观领域使用,原子构成分子和物质。例如,水分子中含有 2 个氢原子的 1 个氧原子。 ③ 原子(天然和人造)有 1 600 多种,因为同一种元素,可以有多种不同的原子存在。	① 论种类,不论个数,是颗粒的种类。例如,能说"氢元素"但不能说"几个氢元素"。 ② 在宏观领域使用,元素组成物质。例如,水由氢元素和氧元素组成。 ③ 元素已发现 109 种。
联系	原子是体现元素性质的最小微粒;具有相同核电荷的同一类原子总称为一种元素。	

三、集中小结

将在不同章节中,循序渐进地学习同一事物的属性和变化,集中归纳小结,从而掌握某一事物的全貌,概括出零散知识的规律。

四、领悟主题

通过精要论述或揭示本质的提问,领悟主题,做到情与理的融合,并激励学生将这些认识转化为指导自己思想行为的准则,达到对学生进行个性陶冶和品德培养的目的。这种结束方法,较普遍地用于思想品德课、语文课和外语课等。

例如,讲《荔枝蜜》一文的结束。

小结:

(1) 蜜蜂美不美?为什么?

答:蜜蜂是美的,虽然它不像花蝴蝶那样有着五彩斑斓的外表,但它的精神是美的。它美在勤劳,美在忘我,美在奉献,美在为人类酿造甜美的生活。只有为人类创造美好生活的人才是最美的人。

(2)《荔枝蜜》这篇散文美不美?为什么?

答:它美在语言。本文语言凝练、优美。如描绘蜜蜂时用"嘤嘤嗡嗡""出出进进""飞来飞去""沸沸扬扬"等词,生动而形象地勾勒蜜蜂辛勤劳作的情景。又如描写春景:"那里四周是山,环抱着一潭春水,简直是一幅山清水秀的山水画。"粗粗几笔,用拟人和比喻的修辞手法,就描绘出南方山清水秀的锦绣景色。

它美在结构。文章以对蜜蜂感情变化为线索,精心选材组材,件件切合题意,事事符合情理,首尾圆合、浑然一体,确是散文中的精品。

它美在思想。文章借赞美蜜蜂的辛勤酿蜜,热情地歌颂了亿万劳动人民为建设新生活而进行忘我劳动的精神,文章激励人们去为创造美而献身。

(3) 进行组词练习。补充一篇课外散义:秦牧的《花蜜与蜂刺》(课外自学,提供阅读提示)。作文:写一篇状物的记叙文(给参考题目)。

五、巩固练习

在结束部分,恰当地安排学生的实践活动,既可使学生所学的"双基"得到强化和运用,又使课堂教学效果及时得到反馈,获得调整下节教案的信息。

例如,讲《老山界》第一课时的结束:

(1) 小测验(5分钟)。检查自学时提出的七个词(酣然入梦、澎湃、攀谈、绝壁、奇观、苛捐杂税)的掌握、理解程度。教师读这七个词,学生听写后解释,然后分别用"酣然入梦、澎湃"造句。

(2) 总结(3分钟)。概括本节课的学习过程(本节课做了几件事:A. 简述长征和作者身份;B. 画出七个词,并理解其词义;C. 速读课文;D. 做练习,弄清全文的记叙线索)和学习重点(按时间顺序安排记叙内容的写作方法)。

(3) 布置作业(1分钟)。课后认真阅读课文中"自己的队伍来了……,不知什么时候又睡着了"这部分。

13.4　结束技能应用原则与要点

一、及时小结和复习巩固

记忆是一个不断巩固的过程,由瞬时记忆到短期记忆再到长期记忆,有一个转化过程,实现这个转化过程最基本的手段是及时小结、周期性地复习。因此,在讲授新知识接近尾声时,要及时小结和复习巩固,尤其讲授了那些逻辑性很强的知识后更应如此。

二、小结要精要并紧扣教学内容

课堂小结要紧扣教学内容的目的、重点和知识结构,针对学生的知识掌握情况以及课堂教学情境等,采取恰当方式,把所学新知识,及时归纳到学生已有的认知结构中。小结要精要,要有利于学生回忆、检索和运用。

三、概括知识的结构

课结束时,教师应概括本单元或本章节知识的结构,深化重要事实、概念和规律。经过精心加工而得出的系统化、简约化和有效化的知识网络,能帮助学生把零散孤立的知识"串联"和"并联"起来,了解概念、规律的来龙去脉,这样,知识才学得融会贯通。

四、与学生的多项实践活动密切结合

教学结束要与学生的多项实践活动密切结合,做到"读与写","读与说","读与演","读与思","练习、口答、实验"相结合,以培养学生知识、技能迁移的能力(抽象概括能力、口头与书面表达能力)。

五、注重开放型结束

课的结束,包括封闭型和开放型。封闭型的结束,结论明确;开放型的结束,鼓励学生继续探索,运用发散思维,培养丰富的想象力。

还应注意:布置作业应要求明确,数量恰当;结束的时间要掌握紧凑。

13.5 结束技能的具体范例

结束技能的具体范例如例1、例2。

【例1】 一位中学语言老师讲解《梁生宝买稻种》一文,最后是这样结束的:

梁生宝的生活境遇——苦

梁生宝的情绪——乐

梁生宝的心理可概括为——为苦为乐

他为什么能如此——"给群众办事,受苦也就是享乐"。

老师的几句总结,使学生对梁生宝艰苦创业的精神有了深刻的理解。

【例2】 一位小学语言教师讲解《燕子》一课的总结是:

老师:请同学们看黑板,我们一起总结课文。作者笔下的小燕子处处都洋溢着美。他紧紧抓住燕子的特点,写出了燕子的外形美(羽毛乌黑光滑)。

学生:翅膀俊俏轻快,尾巴剪刀似的。

师:凑成了……(生:活泼可爱的小燕子。)

师:每到冬去春来,花红柳绿之际,小燕子就从南方赶来,为春大(生:增添生趣)。

师:飞行的小燕子(生:轻盈优美)给人以动态美。

师:文章动静结合,借物(生:抒情)。

师:加上奇特而富有新意的想象,赞美了小燕子的美(生:春天的美,大自然的美)。

【附教学板书】

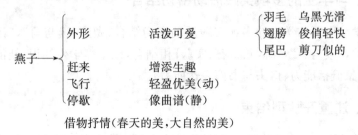

13.6 结束技能的评价

结束技能的评价可参考表 13-2 的格式和内容。

表 13-2　结束技能评价单(教/重教)

NO._____　　　　　　　　　　　　年　　月　　日

角色扮演者		科目		测量目标	结束技能

请您在听课后对以下各项评价,在适当评价等级上打"√"

结束技能的教学目标和评价标准	评价成绩记录				权重
	很好	较好	一般	差	
1. 结束阶段有明确目的					0.10
2. 结束环节安排了学生活动(练习、提问、小结、小实验等)					0.20
3. 结束内容表达清楚,与本节内容联系密切、恰当					0.20
4. 布置作业明确、适当,每位同学都能记下					0.20
5. 结束环节有利于巩固所学知识,并进一步激发学生的学习兴趣					0.20
6. 结束的时间掌握紧凑,不拖堂					0.10
您还有什么意见? 请写在下面。					

　　　　　　　　　　　　　　　　　　　　　　　　评价员:_____

说　课　篇

14　说课概述

"说课"是教师以教育教学理论为指导，在精心备课的基础上，面对同行、领导或教学研究人员，主要用口头语言和有关的辅助手段阐述某一学科课程或某一具体课题的教学设计（或教学得失），并与听者一起就课程目标的达成、教学流程的安排、重点难点的把握及教学效果与质量的评价等方面进行预测或反思，共同研讨进一步改进和优化教学设计的教学研究过程。作为一种教学、教研改革的手段，说课最早是由河南省新乡市红旗区教研室于1987年提出来的。

说课是教师备课基础上的理性思考，它有利于提高教师的理论素养和驾驭教材的能力，也有利于提高教师个人同伴之间的语言表达能力，因而受到教师与教育研究者的广泛重视，登上了教育研究的大雅之堂。

14.1　说课的定义

说课是在教师备课的基础上，授课教师对同行教师或教育行政领导，系统地谈自己的教学设计及其理论依据，然后由听者评说，达到相互交流、共同提高目的的一种教学研究和师资培训的活动。

说课教师主要说明教什么、怎么教、怎么做、为什么这样教、为什么这样做。它能集中而简明地反映教师的教育理念、教学技能与教学风格；能较好地反映教师的教学智慧，架通了备课、上课与评课之间的有机关系；使教师的教学实践能上升到一定的理性层面,解决教学与研究、实践与理论脱节的矛盾,是一项基于学校、面向教师、服务实践的教学活动。

说课基本要素构成如下:

(1) 理念——以教学理论为指导,解读教学行为、表达教学行为的理论依据;

(2) 主体——教师(包括说者与听者);

(3) 客体——所教的课程与教材;

(4) 中介——以语言表达为主,配以文字、图像或实物演示;

(5) 形式——个体阐述,群体评析、研讨。

说课形成的背景性要素:一是理论。科学的教育理论,即新课改理论以及学科课程标准。二是教案。从教案中的教什么、怎么教为基础,构思"为什么这样教、这样做",指出理论依据。

狭义的说课是指教师以口头表达的方式,将某节课的教学设计做理性化论述和实践过程的说明。

广义的说课由教案、说稿、口头表达以及听者的评价等构成。从说课的时间段来看,说课还可以安排在讲课之后进行,这种说课能够把教师的课后反思、修正也纳入其中。从说课的环境看,广义的说课,也可集评中的说、说中的评、评中的研、研中的学于一体,形成新教改中集体大备课的一种重要形式。

14.2　说课的特点

说课改变了教师个人写教案或集体备课议教案之后即进入课堂授课的传统模式。说课使教师的教学构思从隐性思维走向显性思维,从静态思维走向动态思维,从个体独立劳动走向群体合作劳动。

一、理论性与科学性

教师在备课中,虽然对教材做了一些分析与处理,但这种分析和处理往往比较肤浅、感性。说课是在教师写教案的基础上再提高,要求教师从新课程理念上审视教材,这就有可能发现备课中的疏漏与不足,进而修改授课方案。从这个意义上说,它能帮助教师更深入地解读教材、研究教材。

另外,说课的准备过程也是优化教学设计的过程。说课的核心要点是"说出为什么这样教",而不仅是教什么、怎么教的问题。这样就迫使教师去学习教学理论,从而构思自己的教学设计,解析将要发生的教学过程。教师说课,必须先有教案,再从教案转换成说稿,最后在同伴中进行讲演,这也是提高教师写作能力与语言表达能力的过程。

二、交流性与示范性

说课是教师与教师之间双向的备课交流活动,它符合现代教育所倡导的合作学习理念。无论是同行还是教研人员在评议说课中,都能通过切磋教艺、交流教学经验获益,尤其对说课的教师是最实在、最贴切的指导。

说课是新颖的教研活动,能带给教师更多理性思考的各种说课活动都具有一定的示范性。青年教师的教学评优活动、名师的说课带教活动和教学专题研究中的说课活动,其示范与辐射性则更为明显。

三、简易性与操作性

说课不受时间、空间与人数的限制,备课组内 2～3 人,用 20～30 分钟时间,便可以在教师办公室里完成。作为日常教研活动的说课,说课教师一般应在10～15分钟内完成,然后由同伴共同评析。可见说课具有较强的参与合作性,能很好地解决教学与教研、理论与实践相脱节的矛盾。

14.3 说课的局限性

上课之前,教师必须做好充分准备,通过头脑中的构思形成上课的书面计划,这就是教案。对教案做理性思考,说出理论依据、构思的缘由、讲清道理就是说课。无论是教案还是说课,都是课前预设、预想的。教案与说课都是提高课堂实际教学质量的手段,而不是目的。

可见,说课的局限性就表现在看不到教师临场发挥,看不到随堂的随机应变的教学机智,看不到学生掌握知识形成能力的实践效果这几个方面。此外,预想的理性构思和具体的教学方案,还要靠科学有效的组织教学,才能使教与学达到和谐状态。其次,在具体实施过程中,也确实存在说得好,但教得不好,或者教得好而说得不好的现象。这就需要在开展教学系列化的过程性研究中,不能简单和孤立地看待教师说课的好坏,要把说课评价与课堂教学评价结合起来。

14.4 说课的意义

一、说课开辟了教学研究的新领域

教学既是一种认知过程,也是一种情感过程。教学论尤其教学过程论的学者们,曾经对教学过程的阶段、环节和步骤,有过很多提法。苏联著名教育理论家凯洛夫主编的《教育学》把教学分为六个阶段,后来又扩充为八个阶段。美国著名的教育学家杜威提出"创设情境、引起动机、确定问题、研究步骤、总结评价"五步教学说。我国现代教育学中则分为七个步骤:① 启发学生的积极性;② 提供学生必要的感性认识;③ 使学生形成概念,掌握规律;④ 巩固学生的知识;⑤ 形成学生的技能与技巧;⑥ 指导学生在实践中应用知识;⑦ 对学生知识技能和技巧的检查。这些教学论中的阶段性、过程性显然是集中回答如何进行教学、如何授课的问题,对教师的指导意义在于"怎样教"。

尽管教学过程论的研究中,强调了认知的阶段性与规律性,指出了教学过程的情感因素、情感活动与情感结果,还指出了认知与情感的关系,但作为中小学的授课教师往往还是会机械地套用相关理论,沿用传统的教学法中的课堂教学环节,进行各学科的教案设计。还有许多教师根据自己的经验与学科特点设计出各不相同的教学过程与环节。故以集中研究"怎样教"的思路来设计教案,往往会忽视"教的原理""教的依据",难以从"为什么这样教"的理性构思中去解决过程设计。

传统备课在书写教案时仅仅是以构思与预设"如何教"来框定一个基本的格式,而忽视了学生能力的培养、情感的提升与教学的生成,导致"教学目标"方面机械地照搬教参中的目标或沿用他人设定的目标或凭经验设定目标。只书写目标"是什么",少思考"为什么";"教学重点与难点"方面以内容定重点,凭经验定难点,少思考重、难点的相关性,没有集中思考突出重点、化解难点的有效策略;"教学过程(教学步骤)"方面以教师为中心,以知识体系为顺序,以传递、习得为基本方法设计教学过程,缺少思维深化、拓展;缺乏师生互动与合作,缺乏知识重构与生成。

说课是一项原创性的教育科研活动,起源于 20 世纪 80 年代的中国,最早是由河南省新乡市红旗区教研室于 1987 年提出来的,它是教学预案的理性化,是改传统的经验备课为理性备课的一项变革。说课将教学实践中客观存在的某些因素,通过不断探索总结概括出来,成为介于备课与上课之间的一个相对独立的教学活动的阶段与环节。现在说课已深入教师教学活动系列之中,开辟了教学研究的新领域。

二、说课有利于新课改背景下教师的专业成长与发展

新课程背景下教师的专业成长与发展的基本特点是基于教育实践,在实现观念更新的同时,开展丰富多彩的教育实践活动,提供促进教师专业发展的关键事件。相对于教师个人靠长期摸索与积累而成的经验而言,以说课、评课为重要形式的"经验移植与整合",即研究和借鉴具体而鲜活地存在于身边的他人(专家)的方式则显得更为便捷。

教师专业发展的标志性基点是教育学科知识、教育技能知识和教育实践知识及不断发展丰富的"如何教"的知识和能力。长期以来,许多教师在进入课堂前仅仅通过备课(从个人备课到群体备课)这一环节,少涉及理性思考与理论依据,关注到的是彼此之间狭隘的经验。当教师的教学实践活动,注入了说理层面——说课、感悟层面——反思、微格层面——案例等活动时,就能不断在"深思"与"探究"中,实现观念更新和文化再造,进而形成一种教学研讨的气氛,促进教学与研究结合,理论与实践结合;起着以"虚"带"实"、以"理"统"行"、共同提高的作用。

新课改背景下,以校本研修活动为重要标志的教师学习文化正在兴起,教师的教学方式、研究方式以及专业发展方式都在经历着一场深刻的变革。说课作为教师教学研究活动中理性思考与新话语交流的平台,显然是新时期教师学习文化的重要"构件"。

从具体方面说,说课能够展现教师备课中的思维过程;能够展现教师对课程标准、教材、教参的理解把握;能够展现教师对现代教育理论、先进教育经验的理解水平。

说课是学校教师个体与众多听者群体之间相互学习、相互交流的好形式,是通过平等参与在理性层面和操作层面上形成自我培训的机制。青年教师通过说课,加强理性思维,深入剖析教材,构思课堂教学结构,可以迅速提高自己的备课能力;再通过老教师的点评,还可以将上课时可能会造成的失误、偏差消灭在"萌芽"状态。

三、说课有利于教师个体与群体的综合评价

对教师教学效果的评价一般通过听课和学生成绩来获得,而教师教学的

过程性评价则要从备课开始,然后是听课、评课和教师对学生的作业指导、批改等程序,但由于时间与空间上的限制一般难以全程进行。然而说课由于时间短,又不需要学生参与,不受场地的限制,能弥补时间与空间的不足,在短时间内,能有更多的人参与,提高了评价效率。通过说课活动,选拔优秀教师开公开课、研究课,要比只看教案来选拔更全面、更科学,因为说课更能反映教师的教学思路、教学原理的运用,口头表达能力也能充分显示出来。

说课活动不但是说课教师个人的独立表演,还是听说者共同参与的、内容具体的、贴近教学实际的教研活动。"说"发挥了说课者的作用,"评议"又使教师群体智慧得以发挥。说课者要努力寻求先进的教育教学理论指导,把自己的才智展示在大家面前;评议者要努力寻求说课教师的特色与经验的理论依据,自觉地进行换位思考。说评双方围绕着同一课题,各抒己见、交流互动、相互启发、各有所得、优势互补,这不仅锻炼了评课者的教学评价能力,更促使教师在理论与实践的结合上有所提高。说课是考评教师专业知识、分析教材能力、设计教学能力、教学技能和教育理论素养的有效手段。由于说课不受教学进度、学生、场地、教学媒体等条件的限制,简便易行,节省时间,经济实用,能为教学业务竞赛和考评教师提供依据,因而各地选聘教师、评定教师职称时往往优选说课。说课没有僵化的模式,其内容不必包罗万象,应有所侧重,详略得当。

四、说课有利于教学管理人员与教研员的素质提高

如果不开展说课活动,备课就完全是教师的个体行为,而教案只有在被检查时才会"公布于众"。说课中,要将教学设计作口头介绍,还有更高的要求是要说出"课的结构"和"为什么这样做"的道理、原理。这就要求管理者或教研员除了要加强对教师说课的能力培训外,自己首先要对课程标准、教材、教参、教育理论、心理学理论等有深入的研究,要对课堂教学的原理和策略、课程教材改革的精神十分熟悉,只有这样,才能有声有色、扎扎实实地开展说课活动。

14.5　说课的原则

根据说课的宗旨和特点,尤其我们将说课纳入教学实践研究的系列活动之中所积累的经验,促使说课正日渐成为教师专业发展、提升课堂教学理论层次的一条简捷而有效的途径。说课自然要和其他教学研究活动一样,必须遵

循一定的原则指导。说课的"原则指导",既包括"教学原则",又包括"教案编写及其说明"所要遵循的原则。

根据李秉德主编的《教学论》教学原则应包括如下九条：教学整体性原则、启发创造原则、理论联系实际原则、有序性原则、师生协同原则、因材施教原则、积累与熟练原则、反馈调节原则和教学最优化原则。

参照教学原则,结合说课特点与属性,说课的原则可归纳为如下几方面。

一、科学性原则

科学性原则是若干基本教学原则的归纳,它应成为保证说课质量的前提和基础。说课活动要在正确的轨道上运行,其基本要求如下：

（一）教材分析与处理正确、透彻

说课中,教师要全面理解教材,不仅要从具体环节上弄清弄懂各知识点的内涵和外延,做到准确无误,更要在宏观上确定本节、本课教材在本学科、本年级的地位与作用,把握知识体系、教材编写思路及重点、难点。

（二）学情分析客观、准确、符合实际

说课中,教师应从学生的知识基础、生活经验、基础能力以及心理特点等几方面做出分析,并将其作为所采用的教学对策的依据。

（三）教学目标符合新课标要求,经处理的教学内容符合学生实际

新课程理念指导下的三维目标,在各学科具体目标中均有更为贴切的表述。说课中,要将本学科的总目标,分解成本年级、本单元的教学分目标,并能说出目标分解与构成的依据。

（四）教学设计紧扣教学目标,有利于学生思维发展,可行性强

教学设计主要包括教学程序设计、教学形式方法的设计以及教学手段的有效应用。教学设计要充分体现手段为目的服务,方法为内容服务,过程始终围绕目标的实现服务。此外,重点的强调与落实,难点的破解与解决也应有所交代。

二、理论联系实际原则

说课是课前的构思和设想,是教学与研究相结合的一种活动。说课不但

要说清其构想的理论与实际两方面的依据,还要将新课改理念、教育教学理论与具体的教学方法步骤联系起来,做到理论与实际的高度统一。

（一）说课要有理论依据

说课内容中的教材分析与教材处理,不能以教师个人经验为出发点,而要以本学科的基础理论、课程标准以及编写者的意图作为说教材的指导。对学情的分析主要以教育学、心理学为指导;对教学策略、教学方法的设计,应以教学论、教学过程论以及本学科的教学方法为指导,力求说得有理有据。

（二）教学过程设计要有理论高度

教学过程的程序与阶段,体现了学生认识过程与心理活动的变化,是师生的信息加工处理、情感交流与经验分享的过程。因此,说课中的教学过程设计不应该只是机械的对“做什么”“怎么做”的回答,而应上升到理性高度,使之系统化、规律化。

（三）理论与实际要高度统一

课堂教学是学科化的具体教学行为,每一项做法和手段均有相应的理性思考。说课时,只要说出直接理由与缘由就可;要避用空谈理论而脱离现实,更要避免为增加理论色彩而张冠李戴,从而导致理论与实际不一致、不吻合。

说课重在说理,要做到理论依据可靠、可信,理论与实际结合有力,理论与实际运用创新。

三、实效性原则

实效性是由说课的宗旨与目的决定的。任何教学研究活动的开展,都有其鲜明的目的。在备课与上课之间增加一项“说课”活动,目的是提高教师教学行为的理论层次,加强教学理论与教学实践的结合,并以此作为教师团队研修活动的重要形式。为了保证每次说课活动能收到好的效果,应做到如下几点。

（一）明确目标

每次说课都应有明确的目标指向,大体上,说课有着包括检查、研究、评价、示范等各种单项与多项要求。“检查式说课”应按照说课常规要求,在备课组或教研组内进行;“研究性说课”要以一个专题研究的主题做指导,并配以相应的专题评价项目;"评价式说课"主要用于教学评比、竞赛活动,要用有量化指标的评价表评分,以提高区分度;"示范性说课"要侧重对说课教师的特长和教学优势做出评价,以提高示范与辐射作用。

(二)精心组织

任何说课都不是个人行为,而是集体协作、互动交流的群体行为。大型的说课内容,要有一份实施方案,明确目的要求,拟定过程方法,制作评价量表以及组织相应的评价活动。班组内的说课活动,组织者要事先定出计划、布置任务、做出分工、安排日程和活动时间。各种说课活动都应留下相应的文本资料。

(三)评说准确

说课之后的评议分析是发挥说课功能与作用不可缺失的重要环节。评价者要围绕本次说课的目的要求,从教学理念、教学思想、教学能力进行评析,尤其要突出重点,对倾向性、普遍性问题做深入评说。主持者还应该将已达成的共识和仍然存在的分歧予以归纳,以便在教学中贯彻执行或今后再做进一步研究。

四、创新性原则

说课本身就是一种新颖的教学活动,是构思的显性化,课前理性思维的交流。说课人方面,要充分发挥个人的特长与教学风格;评说者方面,要善于发现说课人的创新之处,用自己成功的经验对说课人予以"支援"。说课借助同行、专家与评说众人共同研究的良好机会,扬己之长、取人之长、补己之短,不断提高理性认识,提高教学设计能力。

15　说课内容

在说课开始之前,应当先做自我介绍,再报出课题以及本课题是针对哪个年级、使用的是哪个版本的教材,在教材中哪章、哪节、哪课时。整个说课将分为如下几个部分。

15.1 说教材

说教材,就是要全面正确地理解教材,达到两个目的:一是确定学习内容的范围与深度,明确"教什么";二是提示学习内容中各项知识与技能的相互关系,为设计教学顺序定基础,知道"如何教"。

一、教材的地位与作用

在认真阅读教材的基础上,向听课的教师介绍这部分教学内容是在学生学了哪部分知识基础上进行的,是前面所学哪些知识的延伸与应用,又是后面哪些知识的基础,它在整个知识体系中处在什么地位。

教材是课程的载体,能否准确而深刻地理解教材,高屋建瓴地驾驭教材,教师首先要弄清该教材编写的意图或知识结构体系。

二、提出本课题教学目标

教学目标的介绍主要解决两个问题:一是阐述目标确定的依据,如课标要求、教育理论与教学经验中的依据等;二是要将目标细化,课时目标越具体、越有条理,说明备课越充分。要从认识、理解、掌握、应用四个层次上分析教学目标,故教学目标要从思想目标、知识目标、能力(或技能)目标、个性发展目标等几方面加以说明。

要集中说明的部分是:以教材内容为依据,以本学科课程总目标为指导,并结合学生实际来确定本节课的教学目标或任务。课时目标是本课时结束阶段要达到的具体化的教学标准。课时目标越明确、越具体,反映执教者认识越充分,教法设计安排越合理。

从说课基本性质与特点上看,"说教材"中的"教学目标"的提出,应该遵循如下的思路进行:一要尽量以学科课程标准的总目标的设定为指导,结合本章节教学要求来说"教学目标"并指出它被如此确定的依据;二要按知识与技能,过程与方法,情感、态度、价值观三个维度具体分解本节课的教学目标,切勿将本学科目标或本章的教学目标取代本节课的具体目标;三要用"学生学到什么、获得什么、悟出什么"的角度来表达,不能用"教师教什么、怎么教"来表达;四要有相应的量化指标,尤其在知识点的掌握上。

总之,说课中的"教学目标"不是简单地将备课教案中的文字表达迁移过来,而应当对"目标"的确立与分解做必要的说明。

三、分析教材编写意图、结构特点以及重点、难点

上海二期课改教材系列中有一本供教师使用的教学参考资料,资料中列出"基本理念""整体内容框架"等专题,阐述编者对本学科、本年级教学内容的编排意图,每个单元(一组材料)又具体指出本单元的编写意图。教师在准备说课的过程中,要详细阅读,深入理解,以此作为分析教材的指导思想和依据。

例如,上海高一语文新课程的基本理念是:以课程标准"工具性与人文性统一"的原则,将"开发语言潜能,提高语文素养"和"增强文化积淀,提高文化品位"两者并重。高中一年级阅读部分侧重于理解与感悟。每学期阅读部分均分为六个单元。《沁园春·长沙》是以"生命体验"为主题的第一篇,要求领悟诗人以天下为己任的胸怀,体会字里行间的豪情壮志,理解作品情景交融的表现手法,感受凝练、豪放的语言风格。而该单元目的还在于对学生进行生命教育,让学生通过课文的学习理解生命的意义,培养热爱生命的意识,初步建立积极向上的生命观,从而形成正确的人生观。

"说课"中的"重点与难点"的说法与教案中的"重点和难点"的文字表达不同。前者应当强调"这些难点与重点"是在怎样的背景下被确定的,点明难点与重点的破解方法;后者则只要写明所教的教材其难点是什么、重点在何处即可。

教学的难点往往与教学重点相联系。难点又大多表现在对知识的理解和技能的有效掌握上,破解了难点就可能为学生完整地掌握重点铺平道路。

四、教材的处理、裁剪与加工

对教材的分析,目的是准确把握教材、处理教材。新课改理念是用教材"教",而不是简单地"教"教材。这部分说课,就是在教学目标确定之后,为如何实现目标而组织材料、筛选材料,经过怎样的加工之后将其转化为教师的教学内容的过程。教学中要择其"精要",增加"浓度",如语文教师不可能对一篇课文的每一句话都做分析;教学中要"详略得当"并根据具体的教学方法与手段对教学内容作裁剪与处理。

15.2　说学生

说学生,包括说学生学习本课程、本教材的基础状态,即学情,然后在此基

础上进行学法指导。分析教学对象的共性与差异性是教师教学的基础条件。教师要做到"目中有人""教中知情",才能使自己的教学切合实际,有的放矢。

对学生的共性分析应包括如下几方面。

一、学生的知识基础与生活经验

知识基础指接受新知识前的认识(包括课本知识和实践经验)。生活经验指与本节课相关的生活经历与体验,同时指出它对学习新知识将会产生怎样的影响。

二、学生基础能力分析

分析学生掌握教学内容所必需的学习能力和技能,主要包括自学能力、思维能力和动手实践能力等。

三、心理特点和学习风格

从教学任务出发,分析该年龄段学生在学习本教材时的心理特征以及这种特征与本部分知识的相关性。有时,教师任教的班组具有一些独特的学习风格和学习习惯也可作为说学生的必要内容。

四、说学法指导

针对学生学法和教学目标,教师要侧重说出教给学生什么样的学习方法,培养怎样的学习能力,在"学会"向"会学"的转化上应当怎样指导。

这部分说课也可以置于说教法手段中,作教学互动、合作学习式的分析与说明。

说学生、说学情的意图在于它能为教师设计教学过程和教法提供依据,作为教师教学行为的背景。因此,说学情时不能空泛而谈,如"根据初一学生的特点,我采用……",而实际情况如何,并没有做具体表述。说课时,教师要对学生基础条件的优势和现实中可能存在的问题等方面做针对性分析,以便为采取相应的教学对策提供现实依据。

15.3 说教法手段

手段为目的服务,方法为内容服务。介绍教法和手段的要点和条理要清楚,还要说明采用这些教学方法和手段的理论依据。

教学方法是由教学内容、教学目标决定,决定教学方法还要参照学生认识活动的规律和一定年龄阶段上的发展水平。教学方法可以多样化灵活化,一旦确定了教学方法,就应该介绍为什么采用这种方法;在具体课堂教学中,通过什么途径有效运用这些教学方法;预计达到什么样的效果。

实际上教师在一堂课中的教法是多样的,说课时应说出本节课所采用的最基本最主要的教法,指出其相关的依据。

现代教学论认为教学方法是在教学过程中,教师与学生为实现教学目的,完成教学任务而采取的教与学相互作用的活动方式的总称。

因此,教师在构思教法时,要充分认识教法在教学活动中的双边性,深入理解教的方法与学的方法相互的关联性。

新课改十分强调对学生的学法指导,关注学生的学习方式和转变。基于这种变化,说教法中要突出教法为学法服务的理念,即说如何激发兴趣,如何引导学生学习;说如何指导学生理解教材、建构知识体系;说如何激活思维,培养创新精神与创新实践能力。

说教法时,除了讲清包括上述内容在内的教法自身内容外,还要适当指出选择这些教学方法的依据。《教学论》中把教学方法依据归纳为如下几个方面:

(1)依据教学目标与任务;

(2)依据教学内容的特点;

(3)依据学生的实际情况;

(4)依据各种教学方法的职能、适应范围和使用条件;

(5)依据教师自身的特长与素养。

一般情况下,根据教材知识、内容确定主要教法。如就学科特点来说,语文、外语多采用讲读法;物理、化学、生物多采用演示、实验法;数学多用讲练法。而一堂课中,有些部分可用讲授法,有些部分可以用讨论法,有些部分又可用练习法。在说教法时,教师务必选择本堂课的主要教学方法做重点说明。

从知识构成上看,本原性知识常常采用以观察、实验为主的探索方法,培养学生观察能力、实验能力、分析归纳以及独立思考能力;派生性知识一般采用以讲授为主的教学方法,以培养学生的推理能力、演绎能力、抽象思维能力和利用旧知识的能力。

上海市南汇区网络培训学员李建军在初三语文《第二次考试》的说课中对教法构思与意图做了较好的表达。

现代课堂教学手段主要指教学媒体的使用。传统教学媒体包括教科书、教具、模型、黑板、图表等；现代教学媒体，又叫电子技术媒体，包括幻灯片、投影、录音、录像、电子计算机、电视等。

如果教学中现代多媒体手段使用比较充分，教师就有必要增加"说教学手段"的环节，主要内容是：① 使用什么媒体，集中呈现哪些教学内容；② 采用怎样的多媒体教学法；③ 多媒体手段设计的原理、原则。

15.4 说教学程序

教师的教学思想、本人的个性和风格，很大程度上能在教学设计的程序中反映出来。因此，程序是说课的重点内容。说教学程序，即说教学过程的安排以及为什么这样安排，一般分为说教学过程（流程、阶段）和说教学结构的特点两方面。在说课的实践中，可以偏于过程，也可以偏重于结构，还可以将过程与结构组合起来说。

选择教法要掌握好"三个特点"，处理好"三个关系"（详见表 15-1）。

表 15-1 选择教法要掌握好的三个特点、三个关系和三点价值

三个特点	① 掌握课程的性质和教材内容的特点，根据不同的内容选择不同的方法。 ② 掌握学生年龄特征和个性特点选择教学方法。 ③ 掌握不同学习的特点采用不同的教法。
三个关系	① 处理好方法与内容的关系，使方法更好地为内容服务。 ② 处理好方法与效果的关系，使方法与效果统一，讲实效，不图形式。 ③ 处理好教法与学法的关系，使学生由学会变成会学。
三点价值	① 适应性——教法适应教学内容传递的需要和学生的智力结构。 ② 启发性——启发式反馈教学原则。启发独立思考，鼓励主动寻求知识，掌握方法。 ③ 生动性——能激发起学生兴趣、情感，达到反馈求知、开发智力的目的。

一、说教学过程

学科教学任务是通过精心设计的教学过程来完成的，从教学过程论角度来分析、解说教学过程一般包括如下几个部分。

（一）教学总体思路和环节

教师在设计教学过程时，总要站在课程标准和完成教学任务的高度来架

构教学过程,按教学内容配以相应的教学方法手段来组织教学。按传统知识教学程序看,一般为组织教学—复习旧知识—导入新课—新课讲授—知识应用—巩固小结—练习(布置作业)。在新课改中,我们十分重视学生智力、能力的发展,强调重发展教学的三个阶段:

（1）设置问题情境——非智力因素(学会参与)；

（2）引导信息加工——智力因素(学会学习)；

（3）设计实践活动——能力与技术(学会迁移)。

（二）教学环节与方法、手段之间的联系

教师为完成教学目标,要说出根据自设的程序、环节如何处理教材,运用哪些教学方法手段使教学过程流畅、有效的内容。此外还可适当点明这样安排的目的和将要达到的预期效果。

（三）教与学的双边活动安排

教师在复习旧知识、讲授新知识中,一般都要安排学生的参与。素质教育强调学生的主动发展,课堂上活跃的师生双边活动是成功教学的一个重要标志。双边活动要体现教法和学法的和谐统一,知识传授与智力能力开发的和谐统一,德育与智育的和谐统一。下列问题均属双边活动的内容,可以各有侧重地做些阐述。

教师准备提哪些问题,这些问题能起什么作用,学生怎样参与,如何组织,学生可能会出现哪些问题;教师有什么应对措施,有哪些思维定式需要克服,采取哪些措施等。

在说师生的双边活动时,根据需要还可以继续说说突出重点、突破难点的具体做法。"突出重点"不完全依赖于多耗时,而要在剖析、点拨、深入上下功夫;"突破难点"不仅靠良好的教学方法和手段,更要有教学的艺术才能化解。

（四）总结归纳,拓展延伸

如果有的教师在设计课堂教学时,在总结与延伸以及习题练习上有一定创意,或占有比较重要的课堂地位,那么可以说说如何归纳知识体系,形成结构,通过怎样的形式与方法实现知识与思维活动的适度拓展。总结阶段习题设计与课后的作业布置,如有自己独特的创见也可做适当说明。

此外,板书是直观教学的组成部分,很能体现教师的教学风格,尤其颇有特色的板书,更要加以说明。要说出板书结构和设计的意图。

二、说教学结构

说教学结构不同于说教学过程,教学结构是教师对教学具体程序的归纳,构成若干板块,而教学过程是教学流程中的步骤。说教学结构可以防止教学步骤做过细分析。

现代教学强调教与学的互动、情境创设与情感体验。教师在课堂教学中会设计出若干师生互动的板块,如创设情境、架设桥梁;探究新知、自主构建;回归生活、解决问题;布置作业,课外延伸。这就是一种组合式板块状的说课表达。

教师说教学一般程序改为集中说教学结构,具体要求是:① 说清教学总体构思和各个教学板块;② 每个板块的表述要充分体现是什么、为什么、怎么样,要突出教与学的双边关系;③ 适度交代重点怎样突破,难点如何化解。

三、说教学程序的注意事项

(一)注重说理,强调理性思考下的过程设计

说教学程序也要按说课的基本思路"教什么""怎样教""为什么这样教"来表达。不能简单地理解为教学程序就是教学过程的简述,缺乏应有的理性分析。教学程序中的"说理","理"在何处?首先是教材展开时自身的逻辑顺序和结构体系;其次是教师所采用的某种教学策略或教学法自身的要求;再次是教师在日常教学所积累的实践经验和教学基本规律中悟出的理性认识。总之,"说理"在说教学程序中是不可或缺的,而教学程序自身的说明则是"理论依据"的表现形式和载体。

(二)突出重点,强调教学过程的机理

说教学程序,要求教师对整个教学过程做详略与主次的处理,突出阶段性和关节点,大胆删除无关紧要和过细的具体内容。

"教学过程"不仅表现在时间的先后和"阶段"的变换,还表现在教学方法融入其中,教学艺术交汇其中,构成一个充满教与学的整体。因此,无论是说程序,还是说结构,都要将线性思维与多元思维结合起来,将教学程序与教材、教学目标、重难点之间对应关系以及所采用的教法等做有重点、有侧重的交代。

16　说课模式

说课是备课与上课的中介，是教师从上课的程序流程设计转向理性指导下的综合设计。它有较强的理论支撑，有预想的过程行为和希望达到的目标。这样，说课过程的组织就有一个模式可研究，有方法可探讨。

16.1　传统说课模式

一些学校将"说课"作为教师教研活动的一种形式，往往对说课缺乏基本的研究，其组织与准备过程都比较简单，我们经常可以看到说课还停留在"个人全程准备—众人一次听评"的简单模式。

一、个人全程准备的一般步骤

（一）教师将已有的教案转换成说课说稿（说案）

重新审视教学目标——寻找教学目标确定的依据。

确定重点与难点——提出突破重点、化解难点的办法并指出"办法"背后的教育原理和策略。

梳理教学过程——将教案中的"个人明白"为主的教学程序，转变为"他人明白"的教学程序，弄清程序设计的理论依据。

提炼教学方法——将教案中隐含的教学方法提炼出来，集中表达本节课占主导地位的教学方法。

教师个人将先前自我储备的旧教案转换成说课，在没有充分学习说课基本原理的状态下，即使个人对"什么是说课"比较清楚，但往往受个人的知识储备和理论功底的限制而难以高质量地完成说课准备。

（二）教师直接根据说课要求写出说案

大体程序是以下几个环节：钻研教材、分析学情—确定教学目标、选择教学方法—设计教学过程、弄清理论依据—写出说案。

二、传统说课模式的弊端

（一）个体投入

从备课到说课基本上是教师个体创造性劳动。从构思阅读、收集资料，到教案形成然后转换为说稿，几乎全部在说课教师身上。其他众多教师参加说课活动时只起了一个听众作用，况且有的教师与说课教师是不同年级、不同学科，他们对教材不熟悉或钻研不深，评议时难以深入，只能做一些粗略发言。这就造成说者责任重，听者轻松；表面热闹，实效不大的现象。

（二）单向传递

说课时的信息传递是单向性的，形成了教师个体对教师群体的"满堂灌"。由于说课活动在不少单位开展时，仍然停留在少数教师身上，这样对大多数教师的激励与导向性就会削弱。

16.2　改进型说课模式

说课过程，从本质上是一种教师对教学的认识过程，是教师对客观世界的认识过程。每一个有一定教学实践经验的教师，都会积累一定的教学经验，这种经验一般处在感性认识阶段，从感性认识上升为理性认识，又在新的理性认识的指导下再实践，这就是说课重说理的认识理论上的意义。鉴于这样的认识，许多学校已形成不少改进型说课模式，综合这些模式，我们可称之为"多向组合说课模式"，其特点和操作过程介绍如下。

一、个体与群体组合模式

（一）集体研讨

按学科或年级团队确定一门学科一至二个课题，集体讨论说课总体方案（一般由教研组长或年级组长召集），对说课表达的文字结构和内容体系作粗略探讨。

（二）专人准备

在集体探讨中推荐一或两名教师做具体说课准备，说课教师可以将集体讨论中初步的构思融入备课之中，汇集集体智慧，然后加上自身的特长，便会产生共性与个性、听者与说者互为一体的效果。承担具体说课的教师，在准备中要进一步独立钻研教材、查阅资料，最后写成说课讲稿。

（三）集中说课

即一人（或两人）说课，众人听评。"说者"所说的内容既有个人钻研的成果，又有集体意见的汇总；"听者"因为参与了前期的讨论，也很想听听说者是如何将自己的意见纳入其中表达出来的。如果听众扩大到组外，那么组内成员的"参与经历"，就会有共同的责任感，而提升了群体说评课的价值与功能。

（四）合作研讨

根据说课目标，要求群体参与评议，吸收合理化建议，改进不足，形成新的共识。如果意见不能统一，可以求同存异，允许保留意见，通过教学实践的检验，找出改进措施。

（五）积淀经验

说课教师根据众人评说的意见，对说稿做进一步修改。通过回味、反思、总结，提高对说课的理性认识，完成一篇质量较高的说课稿。说课稿可以代表小组参与校内外说课评比竞赛活动。

二、说课与备课相结合模式

目前说课活动中，说课教师主要围绕"教什么""怎么教""为什么这样教"这三方面展开说课活动，将备课隐性思维显性化。其实，教师所形成的教学方案的背后还有许多相关的经验累积与资料准备活动，如怎样收集相关资料、怎样了解学情、怎样取舍教学信息等内容，可以加入说课活动中，这样说课尤其对青年教师的培养很有帮助。

（一）示范性说课

由教学骨干、教学能手承担，由学校领导或区（县）教研部门下达的专题说课任务，说课教师结合自己的教学特色或特长，做精心准备，努力做到突出教学新理念,阐述自己的教学思想、特色,展示自己的演讲才华。说的过程中,尽量做到脱稿,不照本宣科。

（二）说课的准备

说课教师的说课稿和说课的话语都是上课构思的最终产物。骨干教师在做示范性说课后,还可以结合这次说课的准备做若干专题说明。专题的选择可由教师自定,也可由组织者与说课教师商定。为了更好地帮助青年教师提高备课、说课技能,可以围绕如下专题中的一个进行:一是结合说课所在的章节,说如何分析、处理、重构教材内容,以提高知识教学、思维训练的深度与广度;二是结合所教章节,说教学方法的选择的针对性、过程性和该方法的实施要领;三是对说课中的若干板块说学生、说教材、说教法、说程序等项目中的某一专项的构思与准备。

三、上课后再说课

一些教师在说课时,以自己传统的经验设计教学程序,冠以空洞的理论,尽力美化自我设计,使理论与实际相互脱节,这就使听者产生厌烦情绪,造成说课程序化、教条化,失去了说课应有的生命力。改进办法之一是加强说课的规范要求,实施监控式评价;改进办法之二是把先前的说课放在公开课之后进行。教师既讲清课前的构思和预想的实施方案,又要说出"预想"变成"现实"后做了哪些变更,为什么要调整与变更,最后请听课教师评议。

上课后再说课,教师的思维轨迹是:教学设计—用教案方式表达—提升理论层次—用说稿文字表达—上课,进入教学实施状态—以总结、反思为主导,重新审视说稿,结合上课实践进行说课。

上课后再说课的意义在于:一是教师理解教材、驾驭教材、分析处理教材,不仅靠理性构思和语言、文字(说课)向同伴表白,更要进入"实战状态"验证。这样做可避免因突出说理,而脱离教学现实。二是促进教师求实说课,避免预想与现实脱节。说课中的说理不是理论越高级、越时尚、越多越好,说课中的程序也不是越复杂、越精细越好,说课中的教法不单靠说得精彩,而要用实践来检验教是否得法。三是促使教师把预想与实践结合起来进行反思,实践是检验真理的唯一标准,经验加反思才能促使教师走向成功。

17　说课策略

　　说课与备课的差异在于它是理性的构思,是科学理论指导下的教学预设;说课与上课的不同在于它不能对学生发展产生直接影响。在面对成年人的说课过程中,教师的引导、组织与促进的角色不能直接体现,学生现场学习状态、情感体验往往不被教师的预设完全左右。由此可见说课也和备课教案一样是一种“半成品”,要使这种教学活动过程性的“半成品”真正发挥作用,让说课在一定程度上对传统教学操作技术取向起改造与撼动作用,有必要在说课的准备、筹划和实施中讲究一定的策略。

　　“策略”一词,最早见于《人物志》,“术谋之人,以思谋为度;故能成为策略之奇”,意思说,专事方法谋略的人,把思考、探究计策方法作为准绳,因此才能成为策略的新奇。可见策略就是计策方略。

　　教学策略是为实现教学目标而制定的教学实施的综合性方案。

　　教学策略重点研究“如何教”的问题,它包括教学内容、教学思路、教学方法、教学组织、教学测评等一系列有助于最优实现教学目标的工作总和。

　　这样看来,传统备课及其产生的教案只能是教学策略的“初级产品”,而说课加新颖的教案设计,能较好地呈现教师个人的教学策略。

　　现在我们要探讨的“说课策略”,属于教学活动中的准备策略,它包括思想的准备、理论的准备、程序的设计、说课现场情感的投入以及语言的表达等方面。

17.1　理论运用策略

　　说理是说课的灵魂。教师的教学设计各个环节都需要一定的理论支撑,需要相关的理念、理论做指导。一次教学实践、一次课堂教学背后的指导思想和教学原理可以追溯到深处,过于追求所谓高深的理论就容易空洞化,而我们所强调的是要把说理论与说教学实践有机地结合起来,以达到自然贴切、顺理成章,从而使听者既知其然,又知其所以然,增进说课效果的目的。

一、学习教学理论，解读教学实践

说课要求教师在教学中要认真学习当代先进的教育理论、教育思想、课程知识、课程理论，了解当今国内外教育改革动态，以便从中获得各种最新鲜的教育情报，通过学习，形成知识积淀。只有这样，在说课和授课时才能从实践的源头找到相应的理论依据。另外，有了一定理论武装就可以从自己的积累中产生行之有效的教学行为，即一种缄默知识逐步显性化，进一步促使教师用理性思维去发现和澄清自己的隐性教育观念。

（一）学习和钻研学科课程标准

《基础教育课程改革纲要（试行）》指出："国家课程标准是教材编写、教学评估和考试命题的依据，是国家管理和评价课程的基础。"许多教师习惯于用课本加教参两个本本作自己教学的依据，觉得课程标准理论性强，学起来费劲，因此必须迅速改革这种思维定势。

内化课程标准应当看成是教师有效教学的基本保证。了解新课程标准，你就能大致回答：自己所教的课程是什么？有何特点？结构怎样？如何有效地实施课程？说课中，一要说课程标准对本节课内容的基本要求；二要说课程标准中对学生提出了哪些技能、能力要求；三要说出从本学科基本课改理念出发，应贯彻怎样的教学原则（如政治及思想品德课强调"德智共生原则"，数学课和地理课倡导生活数学和贴近学生生活的地理等），可以采用课标中要求的哪些教学方法（数学课应特别注重启发式"教"和探究式"学"）。教师只有解读课标，与新课程理念对话，自己的教学实践才是自觉、有效的实践，才是理性指导下的实践。

（二）学习和钻研相关的教育科学理论

教师要了解学习教育学、心理学的原理和规律；熟悉教学论基础知识（其中包括教学过程论、教学构成论、教学实施论、教学艺术论），此外还要学会适当应用系统论、控制论和信息论原理来设计自己的教学过程。用先进的科学理论指导教学，就能不断充实、完善、提高说课的科学性、实用性和可行性，增加其深度、广度和可信度。

在这过程中还要把握好理论与实践的结合度。浅了，仅仅是点到，贴上很"超然"的理论，没有针对性，说些无论哪一学科、什么学段都要贯彻的准则，就会给人以"虚假""不贴切"的感觉。再者，不是所有的教学程序、教学方法都要"寻根探底",不管需不需要或有无直接联系,都搬出来也没有必要。

（三）突出学科教学理念

学科教学理念是指导本学科教学思想的主线,当然也是说课时的理论支撑。备课、写教案时,学科教学理念是潜在的作用,而说课则要摆上突出位置。没有本学科教学基本理念,说课便没有分量、力度与光彩。

如物理课改中提出了：注重学生发展,改变学科本位;从生活走向物理,从物理走向社会;注重科学探究;提倡学习方式多样化;构建新的评价体系。物理教师在课堂实践中,就可以该理念为指导,设计出诸如问题探究式教学、实验分析与论证相结合过程设计,采用与社会和生活息息相关的案例式教学等。

二、感悟教学实践,总结教学实践

如果说教师学习教学理论、解读教学实践是一种通过理论来指导实践,从高位来审视自己的实践行为的话,那么感悟、反思与总结教学实践就是将自己行之有效的教学实践提升到理论层次,对实践做出合理的解说,这种解说同样具有理论意义。任何成功的教学经验的背后总有相对应的理论作支撑。中小学教师说课中的"说理",只能说是一种"依据""意图"和直接的"道理",不必追溯到某些理论的源头,也不必一味地用专业化的术语来标识自己课堂上每一次具体的教学行为。那么怎样提升自己的教学实践呢？我们有必要具体分析一下,从教案转换成说课会遇到怎样的问题。

有一定的教学经历的教师在备课时,只要不是新编的教材,对所教的内容是比较熟悉的,面对教学过程的安排和采取怎样的教学方法则大多凭自己的经验行事。一位教师或几位教师要共同完成一次彼此都比较熟悉的教学单元的说课任务时,往往又会遇到众多难题,因为他们在面对已完成的教案之后还必须回答与教案内容不一样的问题。

（1）所教章节的教学理念是什么？整体教学思路如何？

（2）所教教材的地位与作用是什么？如何处理教材,用教材"教"？

（3）教学目标从何而来？如何确定？

（4）学生的学习起点如何分析？包括知识、能力基础、生活经验、心理特点与班级学习氛围。怎样以贴近学生主体来构建有效课堂？

（5）教学过程有若干环节,各环节设计的意图是什么？

(6) 我有教学方法吗？主要教法是什么？

首先要善于总结、归纳。教师要对自己在课堂中经常性的做法、教法作一翻梳理，尤其是行之有效、受学生欢迎的具体教学经验要用精辟的话语概括。在此基础上对已有的教案(实际上不少教案已经历过多次课堂检验)做修改使之更具有逻辑性和系统性。对教学中各个环节与师生的活动做"教学意图"的追忆和再探究，用规范化、合理而准确的教育语言来表达。如一位物理教师根据自己多年的教学经验理出了下面几点主要教法："感知知识，以演示法、尝试法、实验法为主；理解新知识，以谈话法、问题探究法为主；形成技能，以练习法为主。"

其次要深度备课，智慧备课。有些教师说课质量不高，不仅是因为说不清"为什么"，还在于自身的教学设计存在不少问题：一是过分强调教师的主观作用和教学预设；二是没有深入了解学生，教学的针对性不强；三是重知识的传递和解题训练，忽视学生体验与社会生活的结合。由于备课不充分或过于偏重于知识性教学程序设计，那么说课就只能是一种"教案的说明书"，而无法从不同板块和角度来说深。

要深度备课，一要深入剖析与解读教材，将教"教材"变为用"教材"教；二要全面细致地了解教育对象，"学情"是教学设计的基础条件，有效的教法来自对学生学法的研究；三要深刻挖掘教材的知识与思维的联系，提升课堂教学人文精神，发现教学过程中的真、善、美。

实行"备课三级制"，落实"编写教案八个要求"：

备课三级制：制订学期教学计划—单元教学计划—课时教学计划。

编写教案八个要求：确定内容要适当；教学要求要具体；教学重点要突出；结构安排要科学；新旧过渡要自然；练习设计要合理；运用方法要灵活；面向全体要周到。

17.2 程序设计策略

"理论运用"是说课的核心要素，而"程序设计"则是告诉他人你是如何进行课堂教学的，是说课的主干、脊梁。从说课顺序安排是否合理，理论运用能否具体化，往往可以看出一名学科教师是否具有认真、严谨的工作态度，缜密细致的思维风格和雄厚扎实的业务功底。

说课中的程序设计总策略是：① 理论依据与缘由要与教学过程行为密切

相关,是相应的理性思考下的必然行为;② 让听者明白教什么,怎么教,将实现怎样的教学目标;③ 整个教学过程的介绍与说明要思路清晰、详略得当,重点内容重点说,难点突破详细说,理论依据合理说,创新之处强调说。

一、理清程序结构

教学程序是以课堂教学的时间段来划分的。没有阶段化教学或没有形成一定的课堂教学结构的课,势必影响课堂教学的科学性与严密性。

课堂教学行为是教学内容、师生行为和教学策略这三部分的有机结合。这三大要素又以教师的不同教学模式或教学风格被分阶段地呈现在过程之中。常规备课中,许多教师并没有注意到如何将一堂课分出阶段,理清结构,说不清各阶段的教学策略(教学方法),没有洞察所发生的师生行为组合的有理性。

理清程序结构应从如下几方面入手:一是理清一节课的组成部分及各部分之间的联系、顺序和时间分配;二是按照各部分教学功能给出教学阶段的“名称”。如新授课一般分为:巩固旧知训练—导入新课—讲授新课—课堂练习—小结拓展—布置作业;新课改中有的教师将教学过程设计成:创设情境、引出课题—探究合作、讲授新课—联系反馈、拓展提高—梳理知识、小结收获。

如有的说课稿将教学程序与师生相对应的活动组合起来,做如图 17-1设计:

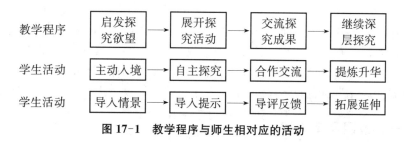

图 17-1　教学程序与师生相对应的活动

二、说清程序结构的机理

《基础教育课程改革纲要(试行)》中指出:“教师在教学过程中应与学生积极互动、共同发展,要处理好传授知识与培养能力的关系,注重培养学生的独立性和自主性,引导学生质疑、调查、探究,在实践中学习,促进学生在教师指导下主动地、富有个性地学习。”这是对教师设计教学过程的总体要求。所谓说清程序结构的机理,就是要根据学科理念和本堂课的教学目标,充分回答教学过程中师生关系、教师的引导与学生的主动、个性化学习是怎样呈现、怎样进行的。

17.3　情感策略

人的情感与认知是相互作用、相互制约、相互促进的;情感本身也是教育应当达到的目标之一;情感智力是学生未来成功的关键。基于上述对情感的基本认识,可以说课堂教学离不开情感交流,离不开对学生的情感智力培养。《学记》云:"知其心,然后能救其失也。教也者,长善而救其失者也。"所以没有情感交流,学生就不能敞开心扉。

教师的课堂教学设计要始终以情感为纽带,以知学生之心为教育基础,要精心设计有意境的教育氛围和有激情的课堂。教师说课时首先要注意把教学设计中的情感教育表现出来。

说课不仅要说课堂教什么、怎样教,还要说为什么这样教;不仅要用说明、叙述的语言,也要用"心"来表白、用"情"来表现教师情感教育的活力。当然情感教育可以预设,更多的情况下是在教育的现场生成与发展的。许多教师说课有必要把曾经历的情感体验用贴切的语言表现出来。

教师在自己说课现场要准确表达自己的情感。"感人心者,莫先乎情"。情感是决定人的活动效率的重要心理因素,对说课活动具有积极的情感可激发教师说课活力,激活自己的思维活动和表达能力,进而提高说课的精神境界和感染力。一方面,可以将预设课堂或过去的课堂的情感,通过自己的语言予以再现;另一方面,用自己的情感语言,调动听课者和评课者的情绪和思想,感染他人,以产生共鸣与共享的效应。

一、说课要有激情

激情是一种迅速强烈地爆发而时间短暂的情感。这种激情表现出的是合理、恰当的自信,准确而简洁的推论,生动而贴切的陈述。理科教师常常比较冷静、理智,如果能把科学的态度、科学的精神转化为激情,就能提高说课的说服力与感染力。

二、说课要有热情

苏联科学家巴甫洛夫指出:科学是需要人的高度紧张和很大热情的。什么是热情？热情是一种强有力的稳定而深刻的情感,它可以左右整个人的身心,决定一个人思想行动的基本方向。说课的说稿文字量并不大,说课的时间一般也在 10～15 分钟,但完成一项说课任务却需要深刻反思,需要深刻挖掘教学行为的动机,需要阅读许多相关的文献资料。可见说者只有化消极情感为积极情感,用饱满的激情、稳定的心境、满腔的热情投入到说课活动之中,说课活动才会结出丰硕的果实。

17.4 语言艺术策略

语言是思维的工具也是人际交流的工具。教师面对学生进行授课,凭借自己的角色和地位,语言表达一般都比较顺畅,表现出较强的语言表达能力。但是说话对象转为成年人的同行,心中又觉得听者似乎在审视自己时,就会觉得底气不足,缺乏自信。因此在说课时首先要调整好心态,把说课看成自我发展、自我提高的机会,是获得同伴帮助与支持的机会。其次要遵循语言运用的四个基本原则:

一是非礼莫语。即不合理的话不要说,既要显现教改的精神境界,崇尚变革,又要尊重他人,平易近人。

二是言之有信。即"言必诺""言必行"。教学构想与设计都应建立在课堂的现实之中,要求真实、不虚假。

三是言之有物。说课中的理论与实践、构思与践行、过程与环节要"血肉丰满",避免空话连篇、装腔作势。

四是言而有度。这是指说话的内容和语气与说话对象相适应,与语言环境相统一等。说课时要精选文字(指说稿)和语言,最大限度地发挥有限时间的语言传播效应,既体现连贯性、逻辑性和机智风趣,又给人以语感美的享受(说课语言的现场应用在"说课的表达方法"一节中还有相关阐述)。

18 说课方法

18.1 说课的准备方法

说课准备和备课写教案的过程大体上是同一个思路。备课从构思到落笔写教案,以及在写教案过程中再仔细推敲教法,主要是沿着教什么、怎么教的思路进行;而说课除了要说明教什么、怎样教之外,重点是说出为什么这样教。也就是说,说课应以说理为主。

一、选好要说的课

选好要说的课。每课应有一"案",但每课不一定都要"说"。除了学校指定的课外,自选的说课要首先考虑有代表性、典型性的课文。主要指既能充分体现本学科特点,又能将当前该学科教改新教法融入其中的课文。其次,要选择与教师本人业务专长相呼应的有关章节。再次,要突出重点,避免面面俱到。根据课文特点和自己的教学优势,在说课的"四大板块"中选择某一板块重点说,其他板块选"点"说,如重点的突破,难点的化解;切入点的选择、关节点的诠释;突破点的确定;拓展点的安排等又可以作为其他板块中的重点。

二、找准教法的依据

以纲(大纲)本(课本)为选法的基础条件,以学情为教法与学法指导的出发点,在此基础上采用说课准备过程与学理论相结合,与教师自身积累的课堂教学经验相结合的办法,往上找理论依据,往下升华、提炼教学经验。

课堂教学策略、教学方法的理论很多,从宏观、中观到微观,跨多种学科。有教学论中的教学规律、教学过程、教学原则、教学策略方法和教学组织管理等方面的理论;有现代流行的控制论、信息论和系统论,还有教学艺术与技巧的方法论;等等。

"教法选择",要求教师在说课的准备阶段以方法论为指导,从理论层面确定所教内容应采用的最佳教学方法。这个过程也是教师再学习、再提升的过程。"教法选择"还可以理解为对自己教学实践的反思、总结。有多年教学经验的教师,对所要说的课已经上过很多遍,可能对多次的重复教学并未梳理出"说得清、道得明"的教学方法,即使其教学效果不错,此类教师还需要审视自己的教学过程,学习一点相关理论知识,以解读自己的教学实践。要知道,任何成功教学的背后都有一定的教育规律可循。

教学中的程序设计与具体做法,在说明理论依据时,关键一步是要"自圆其说""言之有理"。如一位教师教语文课时,采用"启示、诱导、领悟"三步完成学习指导,这符合儿童认知心理。用设疑、设问引入新课,授课中不断提出新问题,并创设问题情境,组织学生解决问题、归纳总结问题、应用解决问题,这是问题解决教学模式。

三、把握说课程序

说课中的"程序"与教案中的"教学过程"在构思和表达上是有所区别的:前者是理性思维下的过程呈现,它体现执教者的逻辑顺序和时间顺序及这两个顺序的有机组合;后者主要是过程性、阶段性安排。

关于说课程序的把握要从三个维度做分析:一是理清所教课文的知识系统和结构,这是需要学生全面掌握的,它是教师说教学程序中的内含主线;二是教师在课堂上所表现的教学程序和结构,它是动态的,在师生互动中呈现出来;三是教师说课时"说"的程序,即先说什么、后说什么、突出什么、淡化什么等方面的处理。

四、突出重点,呈现个性

说课的内容十分丰富,一堂40~45分钟(有的小学每节课35分钟)的课的构思和设计不可能什么都说,各部分内容不宜平均分配,应有所侧重。如果备课时,侧重研究一种全新的教学模式或教学方法的,说课时就要侧重介绍这种模式是什么、该模式的程序设计以及教学效果的预测;又如备课时,以研究学生问题意识,进行思维训练、发展思维为主的,则要从教育心理学角度,分析本学科思维特点,从中获得本节课进行思维训练的依据;从本堂课实际出发介绍具体的方法与步骤。

教学方法和手段的选择是受教师的教学经验与个性影响的,不同性格、个性的教师在各自教学经历中又会积累出各不相同的个性化教学经验。因此教师说课时要突出自己的个性化教学,如哪些地方体现了自己的独到之处、创新之处,哪一步骤或环节展现出教学艺术,都可以用适当的语言来表达。

18.2 说课过程中的方法

说课不能念教案、读教案,也不能用解说的方法说教案。因为教案无法全部反映说课应有的内容,写教案时的思路与写说课说稿的思路有明显差异。对教案做解读式说课,仍然无法体现"说"的本质特征。

以教案为蓝本,以说理、说缘由、说依据为主线,写成说课的说稿或称为"说案",这是说课前的最后阶段。但是如果把说稿(文字表达)一字不漏地照说一遍、读一遍,仍有朗读之嫌,无感情注入,无相关体态语言相匹配,这样的说课,效果就不佳了。

一、说课是"说明书"

说课是信息传递,是告知。说课首先要告诉听者"我是谁"(所在学校、所教学科、任课年级),所说教材的版本、章节,随后围绕"教什么""怎样教""为什么这样教"展开说课。这样的过程,要求老师以叙述、解说为主线,在分析时可适当用辨析的词语加以推理和论证。

二、说课是"新闻发布会"

教师在说课中,要明确说出意图、说出依据、说出缘由,要为"为什么要这样教"亮出自己的观点与见解;还要说出在这些观点的指导下,如何采用相应的教学措施与手段。

说课教师教学上的创新与个性化教学的信息,都可以成为听者比较感兴趣的"信息源"。从传播理论上看,传播模式有四大组成部分:信息发送者(说课教师)、信号(以语音与相关图像为主)、信息通道、信息接收者(又称受众,听评课教师)。要建立流畅的并给受众留下较深刻印象的通道,说课教师就要精心设计,使这部分说课内容达到观点鲜明、说理有度、自圆其说。

三、说课是"真诚的告白"

一般说课安排在备课之后上课之前进行,说课在教学效果产生之前,暂时无法得到实践效果的验证。未经验证的教法与过程设计不宜用十分肯定的语言来表达,不宜过多地"赞颂"自己。从备课写教案,再转向说课,也许这并不难,难的是说课之后,能否引起教学研究人员与同行教师的同感、启示和共鸣,如果能引起听者争论也不失为一次有意义的说课活动。

18.3　说课的表达方法

说课主要通过语言、图表、图像以及多媒体辅助手段来表达。说课以教育学基本原理为科学基础,体现说课的科学性;说课在表达过程中又体现出它的特殊艺术性。语言用于表达教学思维,交流情感;多媒体技术用于直观呈现,调动听者的视觉、听觉,引起注意;体态语言和相关演示操作,辅助呈现感性直观从而提高说课效果。

说课尽管有多种表达方式方法,但仍然以"说"为主,"说"中又以说理说服为主,配以适度的情感与情境表达。

说课进行中主要注意如下六点:① 守时守信,不随意拖拉;② 说态自然、谦逊、大方;③ 语言简练、流利,语速适中;④ 条理清楚,层次分明,逻辑性强;⑤ 表述完整,理由充分,具体实在;⑥ 个人特长显现,有感染力。

此外,说课时还可适当展示有关板书设计、教学程序结构的示意图表和有关教学设备。

总之,说得新颖,说得有理,说得熟练就是一次好的说课。

19　说课类型

说课的主体要素包括说课者、听评者以及组织者,而客体中介包括说课内容、方法与传播媒介,其中主体即教师是说课活动的核心要素。人的行为发生都有一定的目的和意图,按说课的组织管理的目标取向一般分为:教学研究型说课、等级评比型说课和典型示范型说课。按人员组合的多少与规模一般分为:组内随机型说课、群体展示型说课和小组互动型说课。以校本研修与促进教师专业化发展所开展的说课,要形成听、说、评系列,构成不同的说课模式。本书在"说课模式"与"说课与教学研究"中有具体论述。

19.1　教学研究型说课

　　为改变备课组、教研组的工作职能,改变传统的个体备课之后再到群体中介绍自己的备课教案、征求大家意见、形成对教案的共识,将说课纳入备课之中,不以如何设计教案为唯一话题,而先由组内一位教师将教案写成说稿,说后众人评议。这种说课可以每周或隔周进行一次,组内成员轮流进行,以提高对备课的理性认识。

　　这种常规性、经常性备课活动如果没有明确的目的与任务,没有专题作为研讨项目并做详细记录,就容易陷入形式主义,不是为了共同发展,而仅是彼此完成一项任务。有些学校校长抓教学存在认识上的误区,先是抓教案,要求人人有教案,每学期开展一次教案评比,随后又抓集体备课;当说课活动开始流行时,又要求人人参与说课,而始终没有提出具体的研究方向和任务。其实备课写教案、写了教案写说稿,从教学系列活动来看,都只是提高课堂效率、效果的手段,而不是目的。要将手段与目标指向联系起来,就必须改进与改善手段的过程。

　　某小学在开展教师说课时,采用如下办法：一是邀请教学研究人员为全体教师做"关于说课"的专题报告,让教师明确什么是说课,怎样说课;二是在语文与数学组的教研活动中开展说课试点,由语、数两门学科各一名骨干教师承担说课任务;三是在集体讨论、专家介入指导后由两位骨干教师在全校教师大会上做尝试性示范性说课;四是在上述工作基础上,第二学期由教导处拟定说课计划,各教研组针对备课中存在的共性与难点问题,作为说课的研究项目,形成"听—说—评"有目的的系列研究活动。

一、教学研究型说课的特点与功能

　　教学研究型说课是以不断促进与改善教师个体与群体日常教学,提高备课理性水准,以突破教学难点问题,探讨教学热点问题,寻找解决方法而进行的说课,因此它具有经常性、参与性和实践性的特点。

　　经常性特点,表现在它能进入教师的文化生活,生成新的教研话语系统,改善教师教学的思维状态。

　　参与性特点,使教师个体与群体的主体意识增强,大家以说课为载体,彼此之间易形成"同伴指导"与"同伴教练"关系。

实践性特点,使这种说课能不断地去解决教师在学习中自我醒悟而发现的问题,并将这些问题提高到不是就事论事,而是理性审事的层面,将课堂建构与课堂实施方案结合起来去解决。

二、教学研究型说课的基本程序

这种类型的说课,一般以教研组、年级组或备课组为单位,以一个研究专题或一个值得争议的问题为主题,选择一堂或几堂课的教学设计,将其提升为说课形式进行集体研究,目的是促进教师在切磋中提高课堂施教能力。

(一)集体研讨,确定说课内容和研究专题

一般由组长提出研究方向,如"新课程新教法研究""新教材的教学最佳程序设计",在共同商定相关课文后,开展以新理念为指导的教法探讨与程序设计的初步探索,并研究关于如何说课的初步构思。

(二)分头准备,撰写说课稿

如果在集中讨论阶段已有相对共识的教法或程序,可以其为基准,在各自备课的基础上,进一步钻研教材,查阅资料,写出各自的说课稿或说课案例。

(三)集中说课,做好记录

这种集中说课不是"各自为政""各说各的",而是围绕共同话题,显现各人的教学智慧。大家既是说课者,也是评课者,围绕中心话题展开评议。

(四)合作研讨,提出改进方案

以讨论教学方法为例,可以围绕如下几方面展开:① 这种教学方法是否切实可行? 能否找到更为准确的理论依据? ② 该教法的实施应具备怎样的先决条件? 课堂上还要营造怎样的教学环境? ③ 这种教学方法将会带来怎样的教学效果? 这些问题都需要深入研究,在各人说课材料和研讨中找到共同的答案。如果意见不统一,可以求同存异,允许保留意见,通过课堂教学实践检验,找出改进措施。

(五)总结反思,积累经验

说课的反思来自同伴的合理化建议,来自课堂实践的检验以及自我的再学习。在上述系列活动之后,小组负责人要提出总结反思的专题,一方面让教师个体总结反思,另一方面要有专人将上述系列活动用文本的形式留档,以便形成有一定理性指导的专题经验。

19.2 等级评比型说课

等级评比型说课,是鉴定、评价、认定等第,以比较优劣为主要目的,还可以发扬优点,相互学习借鉴。按组织者的层次分为省、市、区县和校级评比,一般程序如下。

一、确定说课对象和说课内容

参选教师可以由组织机构指定,也可以由指定范围内的教师自愿报名。参选者根据组织者的规定范围,确定课文内容,按具体的说课要求做初步准备。

二、钻研教材,撰写说课讲稿或提纲

参选者根据组织者要求,备好教科书,到达现场后根据抽签,确定章节,然后在规定的时间内按要求写出说稿或说课提纲。

三、按要求依次说课

说课者按有关规定,面对评委说课,并在规定时间内完成。

四、综合评价,评定等第

评委根据预先制定的评分标准,采取定性与定量相结合、群体合议形成共识的办法评出名次或等第,给每个说课者写出综合评语。对评比结果,可以现场反馈,也可以事后反馈。评语要立足发展性评价,充分肯定优点,同时指出不足及努力方向,为进行职称评定或奖励定基础。

对于参加评比型说课活动的说课者来说,应把说课看成是机遇也是挑战,要消除焦虑感,调整心态积极应对;对于评价者要客观、公平、公正、公开地参与评价,以负责任的态度对参评者做出鉴定。

从目前说课的项目与内容变化上看,已经出现了下列几种不同的评比型说课:

一是专题式说课,即不要求说课教师说出一节课设计及其依据的全部内

容,只选择其中一至两个板块,如说目标设计与教材分析、说教法与程序等。

二是组合式说课,即说课者根据要求,先在指定时间内完成一份简案,之后在提交简案时说出教学构思、思路和教学策略。

三是程序式说课,即说课者可以事先对指定的说课课文做准备,在进入说课评比现场后除按说稿说课外,还要回答评委提出的问题,问题是围绕着说课内容的深化和拓展而展开的。

19.3 典型示范型说课

以点带面,发现典型,树立榜样,集中展示是区域教学研究活动中经常采用的办法。作为区(县)的教学能手和教学骨干,理应成为说课能手,通过说课展示让他们在一定范围内起示范引领作用。

典型示范型说课的一般程序如下:

一、发现典型,明确目标

区(县)、乡、校一级教研部门,为了规范化推广包括说课在内的教研活动,要深入课堂听课,发现教学有方、教育有成效的教师,尤其是具有个性化教学思想的教师,让他们以说课、上课的示范行为,推广先进的教学经验。

二、重心下移,阵地前移

各级教学研究人员和学校领导,在推进新课改进程中,应在教学第一线做调研,用不同层次的优秀任课教师作为教改的领军人物,帮助做好示范型说课的准备工作,做好说课活动的具体指导。说课人选、说课内容与说课形式,要在校领导、教研人员和教师三方共同协商下做出决定。

三、说课展示,记录在案

典型示范说课的目的不仅是让听课教师进一步明确什么是说课、怎样进行说课,还要让聆听者从中获得说课教师先进的教学思想,感悟说课教师的教学智慧。示范型说课的组织者在说课前要明确告知这次活动的意图,介绍示范的内容与项目,以便让听课者带着学习的意向进入现场。说课与评析过程要全程记录或录音,这是开展实践研究最原始的资料,应给予充分重视。

四、总结反思，专业引领

示范型说课关键是示范什么、总结推广什么。因此组织者既要重视过程的组织，又要善于做阶段性总结归纳，通过总结规律性经验，结合专业研究人员的理论研究，为进一步深化教学研究活动创造条件。

19.4　组内随机型说课

组内随机型说课是一种非组织型说课，只要个人有说课意向，组内其他教师也乐于共同探讨，可以不拘场所，不限时间，也无固定内容，灵活进行。这种说课也可称为"微型说课"，它是新型教师教研文化的重要组成部分。这种说课优势主要表现在如下几方面：一是只要涉及课堂教学的方方面面都可以成为彼此交流的话题，从而有利于形成浓厚的说课氛围；二是有效利用课余时间，积零为整，以说课为主要形式，进行包括教历研究、叙事研究在内的合作实践研究。

以下是一种组内教师之间反思性的说课交流：

某中学语文教师在组内交流时，从反思和感悟的视角做了如下发言："我认为教师拿到一篇新的文章后，自己首先要熟悉它，仔细揣摩每一句话，每一段话在文中的含义和作用，让文章的语言好像都出自我的口中，出自我的心中，然后在整体理解的基础上确立教学目标、重点和难点。""有时，自认为有了一定教龄，往往会习惯于已有的知识积累，在备课时容易走入自己的传统思维之中。上周的一次教学督导，我和老师商量说《可爱的地球》一文，因为这篇文章用一课时就能上完，以便给听课老师一个相对完整的感觉。当我们各自备完课后，教研员的一句话给我开启了新的思维。她说：'《可爱的地球》，这可爱包含作者的情感内涵，文章中相关语句应让学生找出来，领悟领悟。'我听了这些话后，感觉在自己已经比较僵化的思维中开启了一条缝。因为，在我看来，说明文只要围绕说明文的四个方面讲清楚就行，从来没有想过说明文也不是无情之物。因此，在后来讲授《罗布泊，消逝的仙湖》课文时，我们就比较好地处理了这个问题。"

19.5 群体展示型说课

群体展示型说课是一种由专题组成式的教学研究。一般由若干名教师根据组织者要求,在不同教室开展说课活动,然后将说课内容付之课堂教学,最后说课组织者或教学研究人员对说课教师及课堂教学做出评价,并提出导向性意见。

一般情况下,示范型与评比型说课都采用群体展示形式,根据需要规模和参加人数可有所不同。群体展示型说课具有一定的规模效应,给众多的教师提供学习机会。倘若没有为听课者提供一定的资料,如说课稿、教案以及所要推广的经验等,专家集中式评课者不精心准备,就会大大削弱应有的教育效应。

19.6 小组互动型说课

小组互动型说课是指甲、乙两组教师可以互为说课者与评课者,实行角色互换,双方对说课具体项目内容与说课方法进行动态探讨。

甲组教师集体备课,拟出备课提纲,再写成说课稿,由一位代表进行说课;乙组教师要求事先熟悉相关教材后参与听评活动。第二次说课由乙组承担备课与说课任务,甲组参与听评活动。

小组互动型说课可以发挥小组的集体备课优势,克服个体承包式说课的弊端。因有角色互换,大家都会处在主动参与状态,充分调动双方的教学研究的积极性。

除了上述几种常见类型外,还有研修型说课与师资培训型说课系列。

19.7 拓展型说课

有人把说课分为示范式、训练式、汇报式、评比式、考试式、预演式、反思式等多种类型;如果按课程类型分则包括基础课程说课、拓展课程说课和探究课程说课;如果按照设计者的目的和需要,我们可以把这些类型再归为两大类,即考核式和评比式。考核式说课的特点是趋同,评比式说课为求异。

目前,学校课程包括国家课程、地方课程与校本课程,按功能分又有基础型课程、拓展型课程与探究型课程。学校开展的说课主要是选择基础型课程的教材为载体,随着学校课程的多样化和教学活动的多样化,说课的内容也拓展了,形式也更丰富多彩。

20　说课艺术

教学是一种科学的艺术性创造活动。不少教育专家认为:教学的艺术与科学有双重意义的相关性,一是教学活动的科学规律是通过教学艺术孕育和发展起来的;二是教学活动又必定是教学的科学规律的艺术再现。也就是说,教师的教学活动既是遵循科学规律的艺术性创造劳动,同时,又从对教学艺术地不断探究中,丰富了教学科学。

说课作为一种新颖的教研活动,它是由系列活动构成的,就教师的"说"而言,说者采用了艺术的表达手段,如语言、神态、动作、图像、音响等;同时说课又是教师(包括个体与群体)富有创造性的工作方式、方法,如说课中的简洁、精要的表达,高度浓缩一个完整的教学准备和实施过程的巧妙设计等都是教师艺术化的表现。

20.1　说课是一门艺术

河南省新乡市被人们认为是说课的起源地,该市红旗区编写的《说课论》给出了"说课艺术"的界定:说课艺术是指说者运用说课技术和手段,创设优美的说课情境,将说课内容和信息巧妙而有效地传递给听者,并使听者产生深沉而快慰的美感。这种说课艺术就是说课者的高深教学造诣和听者美的享受的统一。也即说课艺术是说课者个人素质修养基础上的丰富造诣,是上述说课方法和手段熟练而巧妙的运用。

从中可见,说课艺术至少包含如下三层含义:

一是说课不论内容形式,本身就是一种创造:它是快餐式的教学预演,是教师之间新型的理性话语的交流。

二是说课现场是说课规范和教师表达美的形象与情境的组合,是说课者教学魅力与聪明智慧的表演舞台。

三是说课艺术不追求"虚假"、不追求"外在",而以最终优化课堂教学,提高教学效率,提升教师素质为宗旨。

一、说课本质特征的呈现是说课艺术的基础

说课从某种意义上说,是课堂现实通过某种艺术加工、选择、处理后的形象化再现。说课中教师的口头表达艺术的张力,受说课性质与宗旨的制约,也就是说只能以现实课堂为基础。在这样的基础上,说课的艺术表现力,就以教师个体差异与教育对象的不同而展开。

为了充分呈现说课的效果,教师首先要丰富自己的知识内涵,深究教学活动科学原理,然后在此基础上像艺术家一样,运用灵感、激情、想象、创造性思维等艺术活动的各种要素,通过说课充分表达展示、交流和反思自己的教学观、学生观和教学过程观,教学基本途径,从而获得最优化说课效果。其次说课还需要换位思考,关注听者,并与听者建立密切的互动、共进的关系,从而促进包括说课活动在内的系列教学活动的开展,提高教学质量。

二、说课手段的丰富性是说课艺术的必要条件

语言是表达思想情感,反映社会生活最直接的工具,正如马克思指出的"语言是思想的直接现实"。说课中的教师语言就是最主要的手段和媒介。"运用语言可以表达出那些不可触摸和没有形态的东西,亦被我们称为观念的东西;还可以表达出我们所知觉的世界中那些隐蔽的,被我们称为事实的东西。"教师说课中的"观念""程序事件""事实材料"都要靠语言来表达,因此可以这样说,说课的艺术性,首先是教师语言表达的艺术性。

说课的辅助手段主要是现代教学手段(图像、色彩、音像等),作为多样化信息传递的媒介,它可以让听者听觉、视觉介入,引起注意帮助理解说课内容,提高说课效果。其次是教师的体态语言,教师适当应用姿态、动作和表情等非语言手段,来增强口头语言的效果。此外,说课时必要的演示、操作感性直观,能起着相辅相成的效果。各种手段的优化组合,构成了说课必不可少的条件。

三、说课功能的多样性,构成说课艺术的基本特征

说课艺术不仅在于外显的表现力,而且还在于内涵的丰富性与创造性。说课的教研深探、观念提升、教师新文化的形成、师资培训以及促进专业发展

的多样化功能,都呈现在艺术化的说课过程之中,并和艺术的三大功能——认识功能、教育功能和审美功能相呼应。"说课"加深了教师对教学活动的认识,促进了教师的自我更新、自我发展。成功的说课活动不仅内容美、语言美、结构美,还有情感美和教态美。

20.2 说课艺术的优化

教学是一门艺术,这是许多中外教育家得出的共同结论。说课属于教学活动的范畴,说课艺术和教学艺术有着密切的关系:一是两者都是教师教学智慧的表现,都能较充分反映教师个性与教学风格;二是两者互为包容,具备了这样的包容,教师在说课时,就能反映出这种艺术的基本状态。由于说课现场与教学现场各不相同,因此教学艺术与说课艺术还有不少具体的差异。

说课艺术的优化,首先要从课堂教学设计的优化做起,教学设计既要符合教育规律、遵循现代教学理念,又要充分发挥教师的聪明才智,尤其要优选最合适的教学方法,因为教学方法是教学科学性与艺术性的操作中介及其信息的载体。其次要不断提高说课语言传播的艺术性,掌握说课内容甄选艺术,把握说课方法运用的艺术以及心理调节的艺术。

一、说课语言传播艺术

教育心理学家认为,语言是教师最重要的创造工具。很难想象语言平淡、逻辑混乱、缺乏激情的教学语言会带来好的教学效果,同样说课之魅,就在于语言之魅。

根据英国教育心理学家恰尔德的研究,教师的讲授和口头语言表达应具有下列特点:

描述简洁规范,重点明确突出;

根据学生的年龄和知识水平,运用易于接受的恰当的语言;

不用含混不清或拼凑的语言;

多用简练而具有吸引力的新闻报道式语言;

恰当地运用比喻或隐喻;

保持语言的流畅性和不间断性;

讲授尽早进入主题,重点不烦琐,发音要抑扬顿挫,增强语言效果;

利用副语言,辅以动作表情。

由于教师说课的内容和对象都与课堂教学语言不同,那么教师说课的特点应当是什么呢?

（一）科学性

说课中无论是说理,还是说教学设计,都要熟练应用符合教育理论、教育常规的语言,并做到逻辑严谨、层次分明、前后连贯,能让听者清晰地明白说者的教学思路和理论依据。

（二）创造性

教师的劳动具有很强的个性化特点,几位教师上同篇课文时,他们的课堂语言仍然会有很大的差异。因此,说课语言同样存在着个人差异,每位教师都可以借助说课平台发挥各自的创造性。教师可根据学科特点、教学内容以及自己教学设计的特点,充分彰显自己的语言表达能力。例如,是说理在先还是陈述在先,何处要重点强调,何处可简略带过。何处要声情并茂,何处侃侃而谈等,都以充分发挥说课各种功能为目标,以便使语言表达做到科学性与艺术性的统一。

（三）交流性

说课的功能载体很大程度在"说"的语言的交流与沟通上。传播不仅仅是传播者向受传者传递信息的单向过程,而且具有信息交流的双向性质。这是因为传递者在发出信息后,总是根据受传者的反馈信息来调整自己的传播行为,以便取得最佳的传播效果。从某种意义上说,说课就是"传播",必须建立双向互动与交流关系。

说者,即传播者,他们要用与所表达内容相匹配的词语,如独白用语、告知用语、教学用语、演讲或朗诵用语等有效地传递预先设计的信息,做到有讲有演、有说有议、有问有答、有读有讲等相得益彰的语言传递。

听者,即受传者,他们与新闻学中所指的受众有很大的不同,他们有明确的意识倾向,是带着学习、交流、参与、共享的心态来聆听并参加评析的。

二、说课内容甄选艺术

说课中的语言是说课表达形式的主体,它以说课自身的内容为依托,否则就会变成"无源之水,无根之本"。教师说课要既"述",又"作",使"述""作"优化结合。

（一）思路清晰，层次分明

教师说课时首先要精读教材、熟悉教材，用新课改理念审视与处理教材，其次对所要说的内容做高屋建瓴的分析，处理好整体与局部的关系。

所谓"思路清晰"就是指理清脉络和结构，从说稿的文本表达上一般有如下几种思路。

一是"总—分—总"式。在做教材简析后，先不具体呈现说课的项目内容，而是以新课改理念为指导，介绍本堂课的总体设计构思，然后引入课标的设定、重难点确定与分析，再按课程的结构阐述教学过程，最后做简要小结。

二是矩阵式。在做课文名称、版本介绍后，立即以说课的若干板块展开：说教材—说学情—说教法—说程序，并以各项目为名称，将说理与说过程、方法的相关内容分解在各板块之中。

三是论述式。在对教材做分析、解读、处理后，引入对教学目标的确认，随后以论文标题的形式，将说理与程序过程组合在其中，最后做简要小结。

例如，一位说课教师是以"动画激趣，引生入境"，"初读课文、自主识字"，"巩固识记，指导书写"，"读文延伸，感悟拓展"这四个标题来书写说稿的。

所谓"层次分明"是指不论采用怎样的说课文本结构，都要建立层级关系、内在机理关系。当然不仅外显于说稿的段落分明，理出大小标题，还要在切入点、呈示点、延伸点和拓展点上做研究。上述的"矩阵式"说课构思中，如果本人的教法有独创之处，那么说稿的层次就应从"教材分析处理"之后便引出"教法"，并建立两者之间的因果关系，如果本人教学过程环节具有环环相扣的特点，那么就要加大这部分说课内容。

例如，一位教师在说小学二年级语文课《台湾的蝴蝶谷》时，以三个环节为教学过程设计的标题，环节一：赏读课文，创设情境；环节二：阅读探究，品词品句；环节三：理解运用，拓展升华。

（二）探究规律，理清轻重

教学是科学也是艺术，科学讲规律，如何遵循教育规律，各人有创新，各人都可以自己积累的艺术手法来表达和实施。说课要讲教学规律，也要以艺术的手法遵循规律，揭示因果关系。

整个说课过程就内容而言，总是围绕"是什么""为什么"和"怎么样"三个大问题展开，其中关键问题是讲清规律、说出道理、揭示因果。

在说课中"说教学目标"是必要内容和重要内容。如何把"目标"说好呢？

有的说课教师只注意解答"目标"是什么,而没有充分重视在"教学过程""教法"的表述中与目标建立必然的联系;有的教师对"重点与难点"也仅停留在"是什么"的表达上,而在教学过程中看不出如何突出重点、化解难点。

由此可见,说课如果只重视表达"是什么",而没有认真研究重要环节安排的"为什么",以及核心、重点内容的"怎么教""怎样进行",都会影响说课的质量。

(三)构思新颖、张扬个性

华东师大郑金洲教授在其《教学方法应用指导》一书中指出:"今日之教育教学活动,'道'已充裕,'学'渐丰满,唯'技'阙如。"意思是如今不少教师知道新教改的内容,对新教学规范与规则也了然于胸,而将新理念、新规范转化为具体的方法与技能却不尽如人意。而说课正是一个"化理念为方法"、"从肤浅走向深刻"的有效载体。

说课活动对教师来说,其功效在于它能不断促使教师去思考诸如为什么这样教,这样教会产生怎样的教育效果,教师的教学价值取向是什么,教师将获得怎样的教育规律和教育理论的支撑等一系列问题。每个教师都有自己的个性与教学之所长,一旦提升了自己的教学的理性思考,教学设计就会出现新的创造。

说课安排要做到构思新颖,需要从如下几方面努力:一是充实内涵,精心备课。教师有丰实的文化内涵,才能深刻解读和剖析新课程与教材;精心备课,实际上是"磨刀不误砍柴工",深度走进学生,立体式解读文本,有效策划课堂,才能产生出优秀教案。二是勇于反思,大胆改革。教学研究表明教师的反思和经验累积是走向成功的两个最有效途径。反思备课、反思教学、反思说课,就能不断修正与充实自我。反思深刻,就能促使下一轮的说课跃上新台阶;反思深刻,评说者感受就深;反思深刻,构思才新。

20.3 说教学目标的艺术

说课的艺术很大程度上是从教师个体与群体的创造性工作方式、方法中表现出来的。说课者应当说什么、想说什么、怎样说的构思中都充满着技巧,体现着教师的创造性劳动。下面主要从具体的处理技巧、工作技巧和技能上做具体论述。

美国著名的教育学家布卢姆认为："科学地确立学习目标是教学的首要环节。"他强调："有效教学始于知道希望达到的目标是什么。"可见，"目标"是说课的必要内容，也是教学设计和教学过程检验的标准。

一、教学目标的确定

每一学科每一章节的教学目标都是在该学科的课程理念，尤其是它的基本理念指导下制定的，从而形成了该课程标准制定的课程目标。这些课程目标又化解、分化为不同年段、不同单元的教学任务之中。可见确立某一章节教学目标，不能简单地照抄、照搬教参中有关目标的具体文字与段落，教师必须通盘了解总目标与分目标的目标系统。

教师在确认每一篇课文教学目标时，应当对单元目标、年段目标与课程的总目标，都有所了解。要用新课程的理念解读课程目标，用新课程的价值追求去更新课堂。

二、教学目标的表述

"目标叙写"应包括表达行为与内容两方面，既要表达养成何种行为，又要阐明这种行为能在其中运用的领域或内容。也就是说"目标"是叙写学生行为状态的变化，而不是叙写教师教什么、怎么教。

课堂教学目标由行为主体(学生)、行为动词、行为条件和表现程度四个要素组成。

如果教师提出的目标是含糊、笼统的，那么就很难检测；如果教师提出的目标是明确、具体的，那就便于检测。如有教师提出"学会几个单词"，"学会"算什么要求？怎样检测"学会"的情况？英语单词"学会"至少可以有四种水平：① 会认(再认水平)；② 会拼写(记忆水平)；③ 会造句(模仿应用水平)；④ 会很自然地用于口头和书面表达(熟练应用水平)。

又如在数学课上教师提出教学一般目标是"通过这一单元的教学使学生学会解答二元二次方程式"。这就存在如下几个问题：学生解多少道题才行？有没有时间限制？解怎样的题(应用题还是计算题)？是否允许参考课文例解、其他资料和使用辅助工具？

一位在全国说课评比中获优胜奖的小学数学教师的"轴对称图形"一课的教学目标，就比较具体明确：

（1）初步认识轴对称图形，知道轴对称图形的特点，能准确找出各种轴对称图形的对称轴；

（2）学生能通过观察、实验、阅读教材发现规律，提高观察和动手能力；

（3）形成学习轴对称图形审美情趣，提高空间想象力。

教师确定与叙写教学目标，一方面要把学生"学"的要求细化，甚至量化，另一方面还要研究实施目标的载体与途径，为体现学生的主体作用，可以将如何达到目标的过程也适当作表述。

20.4　说教学重点、难点的艺术

教学重点和难点是实现教学目标的关键，因此教师必须根据教学内容确定教学重点，以学生的学情尤其是以学生的认识来判断难点，并采取突出重点、化解难点的各项教学措施，使课堂教学顺利地实现教学目标。

一、教学重点、难点的确认

所谓教学重点是指学科或教材内容中最基本、最核心的知识和技能。如基本知识及相应的基本概念、基本原理、基本定律、公式法则组成的稳定的知识应看成核心知识。而应用基础性知识去完成某些学习任务，并且是主要通过练习获得能够在实践中去应用知识的一种能力被称为基本技能。

在教学重点中还有一些对学生的学习起决定性作用的基本知识与技能，被称为教学关键，如数学中的定义、公理、公式。所以教学关键也可以成为教学重点中的重点。

所谓教学难点，是指教师难教、难讲、学生较难理解或容易产生错误的一小部分教学内容。教材、教学内容作为认识的客体，有着自身的知识结构与体系，以其知识的深度、思维的难度表现出教学的难点，但这并不是教学难点的决定因素，主要还是决定于教师和学生的素质与能力。不同学校、不同教师以及不同班级学生难点的分布、难点的程度显然各不相同。可见难点与重点相比，它有不稳定性。深入领会和掌握教学难点的这一基本特性，有助于克服确定教学难点时的盲目性和固定性。

二、教学重点、难点的相关性

教学重点与难点都是教学内容的主体，它们是具有特定内涵的两个不同概念。教学重点不一定是难点，一般情况下，教学重点中的局部内容很可能是难点，教学难点不一定是教学重点。然而，两者在一定条件下往往具有"同一性"。

例如,小学数学"角的度量",强调学生估算的意识,要先学会估一估是多少度,再动手测量。一方面要求学生能有效地突破读内外刻度的难点,减少错误,另一方面也要培养学生的观察能力。因此,"量角的方法"既是教学的重点,又是教学的难点,因为读内外刻度的本领掌握了,重点也就解决了。

三、教学重点的解决

说课者几乎都会在说稿中提及什么是教学重点与难点,然而随后的说课内容就很少会顾及如何突破重点、突破难点的方式方法。产生这种现象可能有两种原因:一是注意到重点与难点,并在教学过程中予以适当突出,却未在说课中作明确交代;二是不涉及重、难点,以为写明或说出教学目标以后,以下按说课板块分析叙说就可。

如果一堂课的教学重点不突破,难点未解决,那么势必会影响本堂课的教学效果和质量,而且会影响整个章节甚至整门学科的教学效果和质量。

正确确定教学重点,突出重点,教师应认真做好如下几项工作:

(一)熟悉和贯彻新课程标准

新课程标准力图在"课程目标""内容标准"和"实施建议"等方面全面体现教学的三维目标、三位一体的课程功能。不少学科还在年级与单元教学中写出编写意图和教学建议,对教学内容体系、教学方法与进度也做了较为详细的说明。这些内容都是教师确定教学重点的主要依据。

(二)深入钻研教材

教材是教学的主要依据。教学重点是教学内容的主脉,是教学内容的内在逻辑联系。

(三)全面了解学生的知识和技能的实际状况

教学重点在多大程度上会成为难点,教学重点是否要花大量的时间进行教学,都要以学生的基础来确定,因此,教师在课前要深入了解学情。如果是大多数学生已经掌握或容易掌握的教学重点,就不必花费大量的时间,而要将更多的时间用于学生的感悟与体验上。

(四)精选最佳教学方法

教学重点一般是教学中的基本知识体系,对此主要的教学方法是讲述教学方法,又称为讲演法,并配以其他教学方法综合使用。讲述法有很多优点,尤其对一些较为抽象、艰深的概念和知识体系,学生很难通过自学或讨论来掌握。教师可以通过不同角度或列举例子对基本概念、理论进行阐释,使学生掌握其脉络。可见,教学重点内容一般要以讲述法为主,其他方法为辅来进行教学。

演示教学法和实验教学法是理、化、生、地等学科以及体育学科经常采用的教法,其最大的优点是能为学生提供观察、探究的机会,进而大大缩短理论与实践的距离。理科教学中,教学重点若涉及只有实验、演示才能让学生明白的概念与原理时,可采用演示教学法。

此外,为突出重点,教师在教学时还有众多辅助的办法,如激趣引入、注重启发、重点讲解、口头强调、板书提示、实践应用等。

四、教学难点的突破

教学难点一般理解为教师难教、学生难学,其实在大多数情况下是因该年龄段学生的基础知识与认知能力上的局限,而造成学生难以弄懂、学会,从而被教师列为难点的。因此,难点的突破与化解,应当着重于导学、促进,要想方设法让学生扫除相关的学习障碍。

一是放慢速度减小坡度。即放慢讲解速度和教学进度,让学生有充分的思考余地,边听、边思考。如小学开始学负数时,不能仅给予读法与写法的说明,还要用生活的事例引出对负数概念的理解,这是解决这个难点的关键。教师从"比零小的量"的观点引入,并且利用学生熟悉的气温中的零上与零下温度、地理中的"海拔高度"等,让学生明白后再提出"具有相反数量的概念"。

二是直观形象化解难点。抽象性或实践操作的复杂性往往造成学生学习的难点。教师将结论式语言分解为若干描述性语言,让学生听明白。用实物、教具、图片、音像呈示以及模拟现场等,能够形象生动地补充感性知识,然后进入归纳小结上升为理性知识。

三是将难点分散分段讲解。分解难点各个击破,当分解为大小不同的难点时,有的小型难点可能就不是难点了。当各个难点解决后再用适当的方式组合起来讲清该难点的概念或规律。一般情况下,带有一定综合性基础知识、基本技能的难点,采用这种办法一般都能获得良好的效果。

此外,学生学习的难点往往与旧知识掌握不牢固或未建立必然的知识链有关,那么教师就要先"温故"后"知新",有的知识难点只有靠做练习或做实验才能进一步理解和巩固的,那么教师要精选习题,加强指导以逐步化解难点。

总之,教师在面对说教学重点与难点时,首先要明白"是什么",并用简明的文字或语言作表达。其次要有明确的突出重点、化解难点的意识。那么对此如何在说课中表达呢? 一种处理办法是对重点、难点的解决作集中式分解说明,简要说明。另一种办法是贯彻在说教材、说教法或说学法指导的相关板块之中。

北京市中关村第四小学数学特级教师郑可钦在他的一篇备课经验《备课预约出的精彩》一文中,对备课时如何引学化难,很有自己的见解:备课要注重教学设计,作为一位重教学设计的教师,不仅要关心学生知道些什么,而且要关心他们是怎样学到的,怎样从一个错误理解变为正确的认识,把教师的教放在如何引领学生去学上。教师会为学生收集一些学习资料,设计一个有挑战性的问题,放手让学生去学习,鼓励学生在交流中、在不同观点的碰撞中掌握知识,获得能力上的发展。这些话语给我们的启示是:教学重点与难点在教学设计中,教师可以构思出各种方法,可以安排出不同的教学程序,但始终要以上述提到的"两个关心"为前提。

20.5 说教材教法的艺术

"说教材、说教法"是集中说明教师教什么、怎么教(教的方式、方法及其策略)的两大问题。本书在"说课内容"一章中已经对说教材该说什么、说教法说哪些内容做过阐述,在此专对说教材的处理艺术与说教法中教法选择的艺术做进一步分析。

为了提高说教材教法的艺术,教师首先要具有正确的课程观与教材观。在传统的教学论系统中,课程被理解为规范性的教学内容,教师无权也无须思考课程问题。当课程走向民主、走向开放时,课程就从文本课程走向体验课程(被教师与学生实实在在地体验到、感受到、领悟到、思考到的课程)。这意味着教师在备课、上课时,可以超越传统和摆脱绝对忠于课程教材的束缚,做出如下几方面的选择: ① 对给定的教材可以有自身的理解,对其意义可以有自身的解读;② 对给定的教学内容可作变革与创新;③ 可对教材作重组、调整,课堂上的教学内容不等同于教材内容,师生互动中可以有"生成"。

其次,在确立了先进的课程观、教材观之后,究竟如何面对教材设计教法,如何说教材、说教法,还要依据教材种类与特点来说教材,根据自己的教学设计说教材,说相匹配的教法。

一、依据教材类型与特点说教材

从说教材这一板块来看,列入"可说的项目"有如下几项:① 教材是什么,有何特点;② 该教材的地位与作用是什么;③ 教材编写的思路与重难点的确定;④ 通过教材内容的分析与处理,引出教学目标是什么;⑤ 根据自己的教学设计,在简介对教材处理意见后,引出总体的教学策略等。因为教师首先是教学的执行者,而不是教学的研究者,况且说课有时间限制,所以不可能对上述的五个项目都详细说,而应当依据教材特点对上述各项做出选择,有重点地说。

教材的新旧、教材编写的特点,讲读课与阅读课,新授课与练习课,实验课与拓展型课都在不同程度上影响着说教材的内容与项目的选择。

二、根据教法设计需要说教材

手段为目的服务,方法为内容服务。不同的教学方法适应不同的教学内容。数学教学中的客观题、地理教学中的识图训练、语文教学中的文章背景分析适用谈话法;需要较多时间突出重点,讲清基本知识的教材则主要采用讲述法;需对难点关键性知识做深入探究的则用讨论法。可见,在说课时如何说教材,说哪些,项目组有必要和教学方法的选择相联系,也就是说怎样的教学设计,决定或影响着怎样说教材。

三、教法的确定与选择

本书在"说教法手段"一章中,已经对教学方法选择的依据做过初步阐述,这里就教学方法的合适性做进一步分析。

教学方法是教学过程整体结构中的一个重要组成部分,是教学的基本要素之一,它关系到课堂教学的成败和教学效率。教师在说课中说教学方法是不可回避的重要内容。不少教师凭着自己的教学习惯性思维和经验走进课堂,很少考虑自己的教学方法是什么,不注意有意识地实施某种教学方法。这样,一旦接到说课任务,只能搜肠刮肚,拼凑出方法来,或引用他人的方法作标签。总结自己教学中的做法与经验,结合师资培训中学到的教学策略和教学方法,从中感悟与整理出自适性的、常用的教学方法是教师专业成长中必须做的要事。

从教学方法大类上看,中小学教师采用的方法主要有:① 语言性教学方法,包括讲授法、谈话法(又称问卷法)、读书指导法。② 直观性教学方法,包括演示法、参观法。③ 实践性教学方法,包括实验法、练习法、实习作业法。④ 研究性教学方法,包括讨论法、发现法。

一堂课的教学方法是多样的,而任何一种方法不会是绝对最佳的。在实际教学中往往以一种方法为主,多种方法为辅,或者多种方法的综合运用,它又因教材、因学生、因教学环境而异。这就是教学方法合适性的缘由。教学方法的选择,可以从如下几方面入手:第一,因课选法。学科不同、教材不同而方法也应有所不同。第二,因人选法。学生有学校类型之别、班级之别,教学方法也不应相同。第三,因执教者选法。教师的经验、能力与性格特点差异,各有所长,各有所短,也就是说各位教师特点不同,教学方法也不一样。每位教师的教学方法选择以扬己之所长做优先考虑。第四,因物选法。主要指教学的外部条件,如教室环境、教学设备条件等。教师在选择教学方法时,要根据学校教学条件,因地制宜,不可超越实际条件。

各种教学方法都有其优点和缺点,不会有一种万能的教学方法可以适应各种不同的教学情况。可见教学方法要进行优选,优选的标准大致包括以下四个条件:其一,必须根据教学目的,选择与教学目标实现方向相一致的教学方法。其二,必须依据教材内容,采用不同的教学方法。它不仅是因为不同学科内容的本身,还在于学生在掌握这些学科内容时的心理过程的差别。其三,必须依据学生实际情况。如果学生对教学内容有较丰富的感性认识,教师只要通过一般的讲解,学生就可以理解,而不必采取直观演示。对已有一定自学能力的学生,可以在其自学基础上,针对学生可能遇到的疑难问题,运用讲解法来进行教学。其四,必须依据教师的特点。教学中常常会出现一种现象即教学方法很好,但教师不能正确使用。有的教师擅长用生动的语言表达,有的擅长运用直观教具或多媒体制作表达,那么方法的选优就要把该方法的优点和教师自身的优点相结合,这样的教学方法才能产生事半功倍的效果。

苏联著名教育家巴班斯基指出:"某种方法对某些情况来说是成功的、有效的,但对另一些专题,另一些学习形式来说,则可能根本不行。"所谓教学有法,但无定法是有道理的。那么,如何有效使用各种教学方法呢?巴班斯基在研究中给我们归纳了如下条件表,如表 20-1 所示。

表 20-1　巴班斯基有效使用各种教学方法的条件表

	口述法	直观法	实践法	复现法	探索法	归纳法	演绎法	独立学习法
解决何种任务时使用这种方法特别有效	形成理论知识和实际知识	发展观察力,提高对所学问题的注意	发展实践的技能和技巧	形成知识、技能和技巧	发展思维的独立性、研究能力和对事业的创造性	发展概括能力和归纳推理(从个别到一般)能力	发展演绎推理(从一般到个别)能力和发展分析现象的能力	发展学习活动的独立性;形成技巧
哪种教材内容使用这种方法特别合理	教材主要是理论性的或资料性的	教材内容可能用直观的形式来传授	专题的内容包含实际练习,进行实验和从事劳动	内容太复杂或者很简单	教材内容具有中等难度	专题的内容在教科书里是用归纳方式论述的,或者这样论述比较合理	专题的内容在教科书里是用演绎方式论述的,或者这样论述特别合理	教材可用来独立学习
学生具有何种特点时使用这种方法合理	学生已习惯用相应的口述法掌握信息	直观教具是该班学生所能接受的	学生已习惯于做实际作业	学生还不习惯于采用研究问题的方法	学生已经受过训练,可以用研究问题的方法学习该专题	学生已经受过训练,能进行归纳推理,或演绎推理进尚有困难	学生已经受过训练,能进行演绎推理	学生已有准备,可独立学习该专题
使用这种方法必须具备什么可能性	教师很好地掌握这种口述法	教师拥有必要的直观教具或可独立制作这些教具	教师拥有教学物质用品和教学参考材料,可供组织实际练习	教师没有时间用研究问题的方法研究该专题	教师有时间用研究问题的方法研究专题,并很好地掌握探索教学法	教师已掌握归纳教学法(一般地说,教师都能掌握这种方法)	教师已掌握演绎教学法,具有相当的教学技巧	有教学参考材料可供学生独立学习,教师也可在课堂上组织独立学习

20.6　说教学程序过程的艺术

　　说教学程序过程,不是对预想的教学过程程序做全景呈现,而应当从自我设计中,集中体现个人的教学思想和教学构思。这种体现是新教学过程观与自己教学过程设计的有机整合。以下是现代教学不同视角下的教学过程观:

　　教学过程是一个包括认识和交往实践两个方面的活动过程;

　　教学是一种心理变化过程,它包括认知、情感、技能等领域,也包括外在与内在变化;

教学是一种发现探究过程,这是源于布鲁纳的认知结构理论和发现教学的教学观;

教学是一种信息处理过程,这种教学观依据信息论和认知心理学的理论,把教学看成学生信息输入—加工—输出能力的培养,而不局限于对知识的记忆。

教学是一种情境创设的过程,情境既包括物质环境又包括人际环境。因此,教学就是创造种种规定情境来改变人的行为,然后推广至准自然情境,最后达到内化。

以上几种教学观从不同侧面和视角揭示了教学过程的本质,我们可以综合性地吸收,结合自己所长和个性,以便形成各自的说教学过程的艺术。

以认识过程观所构建的教学过程是:复习旧知导入新知、讲解新知识、巩固练习、布置与检查作业。

以探究过程观所构建的教学过程是:创设探究情境、明确探究目标、提出猜疑、探求证明,获得结论。

以情境过程观所构建的教学过程是:创设情境、观察想象、激发情感、情感转化。

以信息加工教学过程观所构建的教学过程是:教师提供信息,学生自采信息,师生信息加工、演绎、总结和感悟。

上述几种教学观与相对应的教学过程环节,在不同教师使用时又会产生各种变化;不同学科又有不同的教学理念与价值追求。例如,语文教学强调阅读,于是教学在认识观与心理观的指导下,有的教师就创造出"线性阅读教学模式"——导入辅线、初读理线、细读循线、深读悟线;政治教师讲课要求学生明白做人之理,于是有的教师就设计出"四步通理教学模式"——明理(宏观情境设想)、认理(自我看书认识)、辩理(双向交流疏通)、证理(微观调查深化);小学思想品德课教学中教师们探索出角色扮演、活动游戏、讲解议论、故事讲述和行为训练等多种教学过程模式。

20.7 说板书设计的艺术

现代教育信息技术被广泛使用的情况下,许多教师不重视或很少使用板书作为直观教学手段。其实板书具有很强的现场教学的合适性,它有提纲挈领、突出重点,升华理性认识、形象再现等各种导学功能,不是现代多媒体手段可完全取代的。至于是否在说课时说出板书设计，必须由说课者的教学设计的需要而定。那些独具匠心、颇具特色或艺术性强的板书值得一说。

一、板书设计的原则

板书是以文字、图像、线条表格构成的视觉信息，它的科学性在于它使教学内容系统化、条理化和形象化；它的艺术性在于它的集中表现力、形象主动性以及教师语言的协调性，给学生以审美的感染与熏陶。

（一）科学性、目的性原则

板书是教学内容的提纲，是教学内容的精要，因此它要有很强的学科科学性，体现教学目标要求，显现教材特点。

（二）准确性、实用性原则

板书设计要紧扣教材，反映教材核心内容，帮助学生理解教材思路、理解问题，进而构建新的知识体系。

（三）启发性、直观性原则

板书不是简单的知识点、概念术语的再现，而要有寓意与形象的双重作用力。教师用言简意赅、图文并茂的板书，能帮助学生从形象上理解抽象原理与概念。

（四）精要性、过程性原则

一位著名的特级教师说："设计板书，我们提倡简而明，既精又活，反对多而乱，堵塞学生思维。"板书的详略与多少其实是根据教学内容的需要而言的，难点部分若要学生明白，不妨分解出若干知识要点，以揭示内在关系。

在课堂教学中，一般情况下理科教师尤其数学课板书较多，文科教师板书较少，但不宜走向极端。有的教师依托多媒体，长期不在黑板上写字、作图；有的教师有板书却无计划，信手随笔，杂乱无章。更要改进字迹潦草、写错别字的情况。

二、板书形式与表达

板书设计形式因学科、内容、教师而异，呈现复杂多样的特点，板书在一定程度上反映了教师的教学特点、特色和教学风格。

最常用的板书是提纲式,呈现出知识点的逻辑顺序、知识点的结构体系以及大小概念的从属性、事物发展的递进关系。

分解式板书是以某核心词汇、关键词语为母体或主干,分解出若干要点,以便于做深入剖析与讲解。

图表式板书是以纵横不同项目关系而呈现的知识点和内在关系,便于教师归纳、整理,帮助学生把握知识要点,理清教材思路,也便于理解与记忆。

网络式板书是用直线、曲线或箭头将若干文字联系起来,以表明知识点、信息点之间的内在逻辑关系。

另外还有图(示意图、素描图)文并茂式板书、图解式板书(数、理、化等学科常用)和填充式、填表式板书等。

在板书的表达上,一般情况下教师是按事先设计的板书顺序逐一呈现,也可以在师生共同探索中由学生参与来显现,当然也有教师事先设计绘制在小黑板或纸张上。

说课中的板书表达,就是指如何向听评者说出自己的板书设计是什么、有何特点、怎样使用以及它的育人功能等。一般情况下,说板书的时间不能占很大比例,因此只能摘其精要,有选择地说。此外,还可以根据需要,若板书没有明显的特点,在说课时可不必说出板书内容,而只在说稿中予以表达。

20.8　说多媒体应用的艺术

教育部制定的《基础教育课程改革纲要(试行)》中指出:"促进信息技术与学科课程的整合,逐步实现教学内容的呈现方式、学生的学习方式、教师的教学方式和师生互动方式的变革","充分发挥信息技术的优势,为学生的学习和发展提供丰富多彩的教育环境和有力的学习工具。"对此,作为学科教学的执教者,既要避免陷入"技术害怕论",不敢尝试使用新教学技术,又要防止"唯新技术论",成为技术至上的认识论者。我们应当以提高教学效率、时效为宗旨,从实际出发,因人因地因教材而制宜,在充分挖掘和发挥传统教学手段的同时,做好多媒体技术与教学过程的整合。

一、正确认识多媒体教学

多媒体教学是指在教学过程中,根据教学目标和教学对象特点,通过教学设计,合理选择和运用现代教学媒体,并与传统教学手段有机组合,共同参与教学全过程,以多种媒体信息作用于学生,形成合理的教学过程结构,达到最优化教学效果的教学方式。

现在我们通常所说的多媒体教学是特指运用多媒体计算机并借助预先制作的多媒体软件来开展教学活动过程的教学方式。用于课堂教学的多媒体软件被称为多媒体课件,又称 CAI 课件。

网络、多媒体计算机相连接,具有许多传统教学手段无法比拟的优势:它们具有资源丰富、资源共享、不受时空限制、快捷传递以及实现多向交流等特点,从而对课堂教学过程与结果都带来全新的效益。

图文结合、音像并茂、动感与色彩所带来的感官效应,往往是传统教学中教师语言与板书所不及的。多媒体在教学中的应用,有利于开展协同式教学,培养学生提出问题解决问题的能力,一定程度上能帮助教师解决因难以用语言讲解而造成的难题,尤其一些难点问题。对学生的学习来说,多媒体教学能在多元感官刺激下,激发学生学习兴趣,提高知识主体作用。有利于学生对知识的获取与保持(学习心理研究表明,视听结合式的学习材料 3 小时后的保持率比仅仅靠听觉要高 30%,而 3 天后保持率前者高达 75%,后者仅为 15%),能为学生开辟立体多向深层的思维途径。

多媒体引入课堂,可以使黑板加粉笔的"黑白世界"变得有声有色、形象生动:理、化、生实验课教师既可以预先实践,摄制录像,显现关键的细微之处,让全体学生看得明白,又可以在现场实验,以投影方式,放大效果,让学生观得更真切。语文、政治学科教师可以博采现实情境、案例故事再现……多媒体的出奇制胜,使课堂气氛活跃起来,教学效果得以明显提高。然而新教学媒体并非完美无缺,它同样存在不少缺憾与弊端。

(一)教学内容过分直观化、形象化,限制了学生的想象力与再创造力

生动的再现画面,把人与景直观化、固定化,限制了学生通过抽象的文字进行想象的能力,也限制了学生的创造力。语文教材抽象的文字虽不能像直观的图像那样给学生视听的协同享受,但能给学生留下想象与创造的空间。

(二)课件统领下的课堂,影响教师因材施教,制约了师生情感的沟通

多媒体课件往往是预设、预制的,难以在因人施教与现场变化中作调适,为此,有人认为在某种程度上人际交往会被"人机交往"所替代。课堂教学应当是情境与情感的交融,语文教学的语感,只能在品读、研读、精读中去感悟,精美的数学演算课件,无法替代学生亲自演习与演算。

（三）多媒体使用不当，会影响教学效果

有些教师认为多媒体辅助教学就等于教学现代化，多媒体教学不因人、因材（教材）、因时而制宜，否则就容易产生不良效应。为追求中看中听，干扰了学生的理解与想象，课件应用目的不明、时机掌握不恰当也会影响教学目标的实现。其实，不是所有的教学内容都适合以多媒体形式来体现，课堂教学的主导方永远都是教师与学生，而不能让课件主导。

二、多媒体教学设计在说课中的表达

现代教学研究活动，尤其是一些教师开设区（县）、校级公开教学时都会采用适量的多媒体教学。那么，在备课和说课时怎样向研究人员和教师们介绍自己的多媒体教学设计呢？

首先，教师要事先了解多媒体教学内容的若干基本系统，认识这些系统的项目构成、功能和使用价值。

一是多向课件系统。它便于师生双向沟通并进行信息交流。教师的监控、监看可以有选择地指导学生学习路径，还可以根据需要修改程序，增减完善课件内容。语文与外语课件的准确发音、朗读，可以修正和弥补教师的不足，从而便于学生理解、接受与模仿。

二是题库管理系统。多媒体数据库是一种图文混合管理数据库，教师可以从中获得大量信息，借助多媒体技术具有的多向传播能力，可给教学带来巨大潜能。如编课题、设题型，选择题、填空题、判断题等可以做快速判断，记录学生成绩。

三是演示实体系统。采用了多媒体技术后，可任意将文字、图像、声音、图形等各个种类的信息排列组合，进行综合表现，使学生感到参与感强、生动有趣，易于达到传播知识的目的。在多媒体磁盘的服务器中，存放着多种教材，供学生们按需选择使用，可以说真正做到因材施教。学生通过多媒体系统学习和复习，多媒体系统将根据学生对问题回答的情况来决定下一步出题的难度。

其次，在了解上述各系统构成的基础上，理出自己在教学中所使用的多媒体是什么，内容与项目构成、时空的掌控以及在教师主导下如何发挥其教学效应。

具体阐述多媒体教学应用，应集中回答下列若干问题：

（1）所使用的多媒体课件是什么（是否自制或采集）？在什么时候（即哪

一教学环节)、什么地方、怎样使用? 期待产生怎样的教学效果?

(2) 课堂教学进行中,教师怎样控制,捕捉怎样的教学时机,掌握怎样的火候,以便激发兴趣,提高教学效果?

(3) 课前和授课进行中,是否对学生做必要指导,以期学生配合? 在视、听过程中师生如何介入? 学生要集中领会、体验、感悟什么? 还有哪些相配套的教学活动?

由于说课时间有限,说课教师在对上述若干问题做全面思考后,要结合多媒体教学所占课堂教学的分量和过程介入的程度,做必要的选择,有侧重地思考并回答上述有关问题,以便让听评者明白课堂教学中,多媒体是如何介入,如何产生应有的教学效应的。

对于应用多媒体教学的课,在说课时可采取"分散讲"与"集中讲"两种形式:分散讲是针对多媒体在教学中,只是在不同过程结构中起辅助载体作用的;而集中讲是针对需要让多媒体较长时间介入教学过程,有师生与多媒体做"人机互动"的教学过程发生时采用的。

例如,苏教版小学二年级《台湾的蝴蝶谷》的教学,广西宾阳芦小张红老师,采用蝴蝶谷的音像资料、定格的画面以及在拓展升华阶段向学生展示的日月潭、阿里山、澎湖湾等风景画面,在教学的不同阶段呈现。她的"多媒体教学"是渗透在赏读课文、创设情境,阅读探究、品词品句,理解运用、拓展升华的三个不同阶段中夹叙夹议的。

21　说课评价

说课评价是整个说课活动进程中不可或缺的重要环节。缺乏评价的说课,是不现实的,因为说课者一旦在一个场所说课,必然有听者与评者,说课之后的评析、评议随即发生。为保证说课的质量与水平,尤其是为促进说课系列活动走向成功,获得预期效果,必须开展说课评价的研究、说课评价的组织与管理。

只有把说课和评价说课有机地结合起来,才能使参与说课活动的教师,更加理性地对待备课;用相关的教育理论指导备课、智慧备课、研究说课,更有效地促使教师加强教学反思,不断提高教学研究的实效性。

21.1　说课评价的基本认识

说课评价是对说课者的发言、说稿以及说课活动状态、相关资料进行分析,对说课预期目标、任务、效果做出科学判定,以期进一步调控说课活动,帮助说课者和参与者共同提高教学研究活动质量的过程。

"说课"是教师教学研究过程中所发生的"事件",理应属于教育评价。教育评价实质上是一种对评价对象的价值判断。说课评价又是对教师的评价,是对教师教学研究中的过程行为的评价。

然而,要对说课作精确的恰如其分的判断是十分困难的。其一,教育评价尤其是教师的教学行为、教学研究活动难以做量化评估,而且教育价值判断的正确与否,与参与评价者自身的教育理念的准确把握有直接关系,尤其在目标不清晰、只追求一种说理形式存在的情况下,要用全新的评价标准来衡量教师教学设计的好坏还有较大困难;其二,教学活动中有众多影响要素与因子构成,比较复杂多样,教师从备课的预设教学行为到教学设计的构思,理性思考,如何做出准确而有价值的判断,要因人而异,因学科而异;其三,说课的类型、模式等方式方法的差异,导致各种说课又有不同的目标取向,因而评价也会有不同的侧重点和方法。所以很难制订出一套标准化的评价体系和方案。

在当今,说课活动已经普遍、深入地在教师教学研究领域开展,说课已显现出在特有的教师教育功能的背景下,为切实发挥说课活动在促进教师专业成长,提高教师实施新课程的能力与水平中的重要作用,但仍有必要对说课评价做一些系统的探究。

21.2　说课评价的原则

一、说理性原则

说课评价的说理性是由说课特点所决定的,它包括两层含义:一是指在进行说课评价时,不仅要评所说内容"怎么教""怎么做",更要评所说的"为什么这样教",即对说者的说理性做评价;二是评价者对说者的内容本身要做出理性评价。

对说课中的说理性评判,要以新课改理念和新课程标准为依据,结合学科特点和章节具体内容,评价说者所说之意图是否清晰、妥当,理论依据是否贴切、恰当,观点与行为是否呼应。

而评价者的说理性表现在对说课的价值判断时,是否做到理由充分、因果关系明确、规律分析有序这三方面。

二、发展性原则

说课活动除了教学研究人员参与外,主要是在教师群体之间开展的,无论是说者,还是听评者,他们都是主体,彼此之间存在着互惠互利的关系。说课活动在融入多元的教育研究活动系列之后,对提高课堂教学质量带来效益,进而促进教师专业成长。

说课评价中区分名次与等级只是一种过程性手段,更重要的是通过评价为教师提供教学新理念、新构思,从中获得信息反馈和咨询,帮助教师反思和总结自己在教学中的优势和薄弱之处,发现问题和不足的根源,探讨克服欠缺、寻找发扬优势的措施和途径,从而不断提高实施新课程的能力。

发展性评价的基本理念不是面向过去的结果,而是面向未来的发展,强调评价的激励功能和发展功能。说课评价要用发展的眼光看待说课评价的结果,这种结果既包括优势的潜能,又包括对薄弱之处辩证的分析与评判。要将评价结果作为未来进步和提高的起点,激励教师改变现状,求得新的发展。

说课中的发展性评价还要关注教师个体的差异,不同年龄层次、不同的教学经历以及不同学科课改发展的背景,使各类教师的教学状态、特性、风格有较大的差异。因此评价中的发展性标准和尺度也应有所不同。

随着说课活动的广泛开展,说者与听评者的角色经常处在互换之中,评价者给予被评价者的关注和尊重过程,其实也是评价者认识自我、剖析自我、发展自我的过程。既然说课是一种教师人际间的教学交流活动,那么在评价时就应当充分尊重教师本人在评价中的作用,彼此之间建立平等的合作伙伴关系。也就是说,要让被评价者作自我评价和说明,对有争议的问题要充分协商,尽量取得共识;对未能达成共识的问题,可以在课堂实践中做进一步验证。

三、及时性原则

及时性原则也是由说课的特点和性质所决定的,说课和课堂教学评价一样,具有很强的现场性。听课之后立即开展评课,能收到最佳效果;说课之后开展当场评,能防止因遗忘而降低评价效果。心理学研究表明,情境与氛围影响人的情绪,说课程序进入评议阶段,听者对刚接受的语言信息有新鲜感,手头又有说者的说稿,有感而发的意识很强,也最容易阐述个人的观点。因此,及时评价,可以使说、评双方都得到有效的启发,促进教学研究的深化。

四、客观性原则

评价的客观性是所有评价行为的准则。说课评价的客观性主要指评价者要实事求是、客观、公正地对说课教师所说的内容进行评价。评价活动组织者与参与者应事先明确说课活动的目的要求,把握相对统一的评价标准,要避免评价者带着个人的兴趣爱好、情感倾向和价值观念的主观因素的介入,要坚持"一分为二"的辩证观和发展观,要全面了解说课教师的准备过程和所提供的文本材料。在肯定教师成功的做法和探索,在保护说课教师积极性的同时,实事求是地指出存在的不足和值得改进之处,善意地为说课教师提供改进方案和建议。

五、整体性原则

整体性评价指的是对说课活动全貌全程要在整体观、全面收集信息的基础做出评价,不能以偏概全,以局部看全局。

评价组织者在开展说课活动前期,要将说课目的要求、项目内容,详细告知说者与评价者。说课开始前要给全体参加人员以完整的文本资料和教材,在评价进行中还可以进一步听取说者和说课指导教师的关于准备情况的汇报,以便在全面了解情况的基础上做出正确的评价结论。

此外,还应注意把单项评价与整体评价有机结合起来,把一次说课和多次系列说课活动组合起来。如果将说课与课堂教学的听、评课组合,那么评价指标的发展性也要随之变化,以便对评价者的发展有更为系统的指导。

21.3　说课评价的功能

任何教育都离不开教育评价;没有评价的教育,是盲目的教育。说课既是教学研究活动,也是教师群体的自我教育活动。说课如何进行,如何在科学有序的轨道上运行,除了加强学习与管理外,还要充分发挥说课评价的各种作用与功能,促使说课健康发展。

教育评价的作用与功能至少有导向功能、诊断功能、激励功能、交流功能和决策辅助功能等五个方面。看说课评价功能分析主要有以下四个方面。

一、导向功能

说课的特点和性质决定着参加说课活动的教师的行为准则和价值取向,只要认真参与说课活动必然会从中受益。但是如何把握好说课应有的功能,还得依托说课的导向功能。说课的目的要求、目标体系能否起指导作用,关键是标准的项目化、具体化,以使之成为评价说课质量高低的现实依据。评价中要体现核心价值观,重点肯定什么、否定什么,有什么用处,什么是无价值的,在做出种种具体的评价中,要让教师看出说课行为方向,这样才能真正体现评价的作用与功能。

说课是促进教师智慧备课、理性备课的载体,其评价的导向主要体现在如下四个方面:一是突出教学理念;二是诠释教学思想;三是体现教学能力;四是展现教学境界。着重从以上四个方面引导教师走向专业成熟。

当然,不同的说课模式与类型有具体的评价标准,只要在不违背说课自身基本价值取向的情况下,可以发挥各自具体的评价导向作用。

二、诊断功能

说课评价的诊断功能是指以评价的价值取向为指导,根据评价目标对说课过程中的各种情况进行检查,发现问题、分析原因,进而提出改进或补救措施。

说课的组织、管理角度的诊断,主要围绕程序安排、结构组合、技术层面的设计等方面的诊断与改进,以提高说课在教学研究中的综合效应。

说课基本内容的诊断,主要围绕教学理念、教学思想、教学技能与个性以及创新性做出评价,提出包括得失成败、问题症结和改进意见。诊断评价要与指导、导向相结合,才能达到跟医生治病一样,不仅要号准脉、对症下药,并开出改进处方的效果。

三、激励功能

激励含有激发动机、鼓励行为、形成动力的意义。激励评价是指通过说课评价,促使教师正确认识自己的说课优势和长处,正确对待存在的问题与不足,并通过评价来激励教师实现目标。说课组织者要根据总体目标的层次性和参与说课活动教师的现实状况来帮助教师确定有针对性的、切实可行的目标,并配以相应的评价方式,只有这样通过目标的引领,激励作用才能发挥。

从教师成长心理的需要来看,说课评价不仅是教师自身业务素养提高的需要,更是对教师自我社会价值的一种认可和肯定。

四、交流功能

评价的过程就是各种信息交流并产生交互作用的过程。说课评价的过程,就是评价者与被评价者双方都将评价活动作为教学研究平台,最重要的不仅仅是得出一个客观准确的结论,而是将评价结果以科学、恰当、具有建设性的方式反馈给教师。这样说者与评价者在讨论与评析中各有感悟与提高。

说课评价的交流功能不仅表现在说课的现场,还应融入"听—说—评课""一课两说""课前说与课后说""各环节片段说"各种功能型的说课评价交流之中。

说课评价的交流功能不仅表现在现状层面的人与人之间的信息沟通与优势互补,更表现在这种交流是智慧的碰撞、理念的升华,是教师之间文化的再造。

21.4 说课评价的内容

说课评价内容因评价对象不同和评价类型的变化而不同。把"说课活动"作为评价对象,那么评价内容主要包括:说课活动的组织安排是否合理、有序;可行性与可操作性如何;说课活动总体目标与说课的课例目标是否成系列;目标的构建和达成是否达到预期的效果。如果说课活动作为师资培训的项目之一,那么主要评价说课活动对促进教师专业成长方面所起的作用是:是否在说课中以课例为载体,内化和提升了教学观念;本学科课改所倡导的教法与学法是否得到贯彻与执行;评说的双向交流的感受、体会、收获以及问题诊断是否充分;有关资料信息收集整理是否全面、完整等。

不同类型的说课,虽然有不同的目标要求,但从说课的基本特点与功能的发挥来看,说课课例评价的内容大体上有如下几方面。

一、说课者理解和把握教材情况的评价

在说课内容构成中,这部分主要是"说教材"版块,它包括对本学科课程标准的理解与把握,所教教材地位与作用的认识与判断,重点与难点的确认以及其对应的解决办法三大部分内容的评价。

（一）是否全面理解、把握了课程目标

《基础教育课程改革纲要（试行）》中指出："国家课程标准是教材编写、教学、评估和考试命题的依据,是国家管理和评价课程的基础。应体现国家对不同阶段的学生知识与技能、过程与方法、情感态度与价值观等方面的要求,规定各门课程的性质、目标、内容框架,提出教学和评价建议。"可见,课程标准尤其学科课程标准是教师组织实施课堂教学的根本与依据。说课是教师教学活动的构思,评价说课首先要看教师是否全面正确地理解、把握了课程标准,是否真正把握了课程标准所规定的教学要求和教学目标。

怎样评价教师在说课中的理解和把握呢? 可以围绕如下几方面作判定:一为是否熟悉本学科课程总目标,并把总目标与所教章节分目标联系起来,形成自己的教学思路;二是能否理解并在教学实践中开始应用新课标所倡导的相应的教法与学法指导;三是能不能准确判定本章节教材的教学目标。

例如,物理学科原来的教学大纲对"速度"与"惯性"两知识点的要求分别是"理解速度的概念和公式"以及"知道惯性定律,知道惯性现象"。而现今新课程对"速度"的课标是"能用速度描述物体的运动,能用速度公式进行简单计算"。对"惯性"的课标要求是"通过实验探究,理解物体惯性,能表述牛顿第一定律"。对这两项教学内容的说课评价,首先是看说课者是否准确表达了上述的"课标"意向;其次是看说课者是否在教学过程中强调学生学习过程,重视通过学科探究进行学习,把物理与生活、社会紧密联系起来设计教学等。

（二）是否全面正确理解、把握教材的地位与作用

教材是教学的主要依据。教师对教材的地位与作用的理解和把握主要表现在两方面:一为是否解读了所教章节的主体地位与作用——其知识构成、技能要求与情感目标在全教材中的位置;二是否了解所教内容与前后教材内容的联系,知道如何承上,也知道如何启下,以便构成完整的教学系统。

（三）是否准确把握教学的重点与难点

突出重点，突破难点，这是课堂教学实施中的基本原则。首先要了解说课教师是否准确恰当地判定重点与难点是什么。这种判定依据有三：一是教材自身；二是教学对象；三是教学目标与任务要求。其次要全面了解说课教师的教学设计中，是否关注到重点与难点，并贯彻于教学的各个环节。再次要看说课教师是否专为突出重点、突破难点说出了处理的办法或所采取的教学对策。

二、说课者教法选择的评价

此项评价既包括所选教法是什么及其依据，该教法与学科性质特点是否相适应、与学生的学情是否相吻合，还要拓展到说课的教学过程设计中是否体现与落实了所说的教法。也就是说不仅以说教法的单独板块作判定，还要与其他板块内容联系起来做出评价。

（一）是否体现教法和手段的合适性

本书在说课策略和说课艺术中，已经对关于"教法"的说课做过较为详细的阐述，在评价时仍可归纳出如下几点：一是与学科性质特点是否相一致，并提出本学科新课改所倡导的教法；二是所说教法是否符合学生年龄特点与认知规律；三是在教学过程中是否能较好地激发兴趣、启发思维，形成和谐、民主、互动的师生关系。

（二）是否将教学方法体现于教学过程环节之中

"说教法"的评价，不能仅听说者自述方法是什么，说课教师也许会用很理性的话语，归纳出方法，还要继续了解这种教学方法是怎样融入教学环节、怎样进入操作状态的。如有的教师在"说教法"中提出"合作探究法"，可在教学过程环节仅仅是提三个问题，通过提问让学生回答，并没有所谓的"师生合作"与"探究"。

（三）所选择的教学方法是否具有实际教学效果

教法最终目的是为了努力改变学生完全接受式学习的状态，让学生在教师启发、指导下，自主学习、主动学习。课前说课中所说教法，尽管未进入课堂实施状态，但评价者仍然可以凭说课教师的过程设计、凭自己已有的教学经验做出预期的判断。如果是课后说课，那么就应以该课的实际效果来评价教师自述的教学方法的成败。

三、说课者教学程序的评价

评说教学过程主要是评价如何围绕教学目标,有计划、有步骤地组织教学,从新课引入到总结拓展是否严密、高效,各环节衔接是否自然贴切,形成师生双线性的学习共同体。评价教学过程重点关注以下几方面:

(1)是否紧扣教学目标,遵循认知规律,符合教学特性展开教学;

(2)若干教学环节结构是否严谨,过渡是否自然,是否形成一种启动—呈示—沟通—延伸的认知结构,既让学生获得知识,又培养了相应的能力;

(3)教学过程是否既是自定的教法实施过程,又是教师把握重点、突破难点的过程;

(4)是否给学生提供了主动参与的空间,关注学生的个体化发展,有利于各类学生都获得一定的发展和提高;

(5)教学媒体手段的选择与使用是否妥当、有效,能否充分发挥辅助教学的作用与功效。

四、说课者教学素养的评价

说课时,说课教师尽管没有进入教学的实施状态,但从说课的理念、构思、内容结构以及现场的分析,说理的表达仍然可以适度反映出教师的基本素养。评价时主要关注如下要点:

(1)对新教学理念和新课目标的理解、解读是否已内化为教师自身的教学思想;

(2)对教学内容的分析、讲解与师生的活动设计是否反映出教师的文化内涵和知识的扎实度;

(3)教学的程序、结构与教法是否表现出教学上的某些特色和个人的教学风格;

(4)教学构思与设计是否有较强的现实性与可行性。

另外,说课中教师的语言表达、体态语言的表现力、现场的演示以及板书等都可作为教师基本素养的必要评价项目。

五、说课组织效果与现场效果评价

一个学校或一个教学研究机构要开展说课活动,为了要达到预期的目的,必须对评价作精心组织安排,使每项工作程序都有明确的目标意识,才能产生良好的活动效果。

对于一次包括说课在内的系列教学研究活动来说,不仅在于说、听、评者之间的效果评价,还包括其他相关活动所产生的连锁效果的评价。

（一）说课教师的评价

包括说课预设目标的达成,说课内容与项目的评价和在说课中所反映的教师素养的综合评价(内含个性、特色和创新等)。

（二）说课团队的评价

包括听评者的评价项目分工,标准的把握,评价内容的有效性、合适性,说课者与评价者的信息交流、思维的碰撞,以及对一些研究专题探讨的质量与效果等。

（三）说课与其他相关项目的效果评价

现在区(县)校开展说课,往往与备课、上课、评课等结合进行,因此在系列活动中,评价已经不是单纯指向说课者个人,而是一个团队;不仅指向说课活动本身,而且涉及其他活动的协同功效,指向教师的专业发展。因此,评价内容要扩大、分层次、成体系。

21.5 说课标准的把握与评价表设计

说课评价标准,首先应从说课理念与功能来考量说课质量水平,其次要以说课评价的内容与项目做全面具体的分析评判,再次要以组织者每次说课组织活动中,自行确定的价值取向和个性化要求进行针对性评价。只有在目的要求非常明确,评价标准把握准确的情况下,才能正确地进行评价,发挥评价应有的作用。

一、说课评价标准的基本认识

从说课理念和价值观来审视说课行为,是准确把握说课标准的最基本手段。从说课特征的彰显、教学思想的呈现来表现说课行为,是准确把握说课标准最基本的内容。因此,说课评价时应侧重观察说课者如下几方面的表现:

（一）是否突出了新教学理念

从说课本质特征和内涵上看,教学理念,尤其是新课改的教学理念在说课中占有突出的地位,它是说课的灵魂。备课时的理念支撑,也许在较多的情况下处于朦胧状态,是一种潜在影响。而说课则要求教师以明确的教学理念为指导,作支撑。说课不仅要说出授课的安排、进程,更要说出"其然",显然没有教学理念的说课,便没有分量与力度,没有精神的统领。当然这种教学理念不是以标语口号式出现的,而在表达的句里行间,表现在教师的情感与意向之中。

(二)是否诠释了教学思想

说课不是教案的复述,也不仅是教案的说明和解释,因为这样还仅仅停留在教案的思路上。说课要更加突出表达授课教师对教学任务和学情的了解和掌握,要在教案的基础上,表达出教学过程组织、策划的教学思想,教材、教师和学生的地位与作用,教学过程的认识,教法与学法的认识、运用等。

(三)是否体现了新课程的实施能力

备课是设计,说课是设计的理性化。它要求教师从经验备课走向智慧备课、科研型备课。说课的"施教能力"的判定,无法直接在课堂教学的现场表现出来,但可从教学构思的逻辑性、科学性,教学设计的展开,过程与方法的匹配,方法与手段的融合等方面来间接表现出来。

(四)是否说出个性与创新性

素质教育倡导学生个性发展,实践能力与创新精神又是素质教育的两大重点。创造学家认为教育所传递的内容是什么呢?那就是创造和发现的总和。创造是教育的最高境界和最终目的。教师在理性备课中,一方面要遵循教育的科学性,另一方面也要突出艺术性,具有创造性。说课教师应有自己对教材、教学内容独到的见解,对教学环节独具一格的安排,对教学实际独具匠心的理解和独特的运用技巧。可见,说课评价时务必集中发现说课教师的个性特征,发现、分析并评价说课教师的创新之处,这是提高说课生命力所必需的。

说课评价的标准不是唯一的,这正像说课可分出不同类型与形式一样,它是动态与发展的。但是以上四个方面的考量应该是说课评价的方向性共同特征。

好的说课和好的课堂教学已成为有志向教师的共同追求,我们可以用一些精辟的语言和文字来表述一堂好课,以及好的说课应当怎样进行。但从另一个角度来看,在课堂教学的现实中难以找到一堂完美无缺的、毫无瑕疵的课,因此说课在现实中也同样无法达到完美。

好的说课给人的感觉应该是：说者有新颖的教育理念，能很好地理解教材、处理教材，能从多方面因素来判定教学重点与难点并找到合适的解决办法；能运用教育学、心理学原理解读学生，采用相应的教学策略和手段实施教学；实现预见性与现实性的有效结合；说课的内容与表达形式都较好地表现说者的逻辑性、条理性以及语言的形象、生动，富有启发性和感染力；能通过说课反映出说者良好的文化底蕴、厚实的教学功底和独特的见解。

二、说课评价表的设计

要说好一节课或一个专项教学内容并不容易，而对说课列出评价指标和要素更是一件比较困难的事。

关于课堂教学的评价和相关的评价表，各地教学研究机构曾经出台了众多类型的评价指标，其实它的质量主要受制于三大因素：一是教学内容应包括哪些方面；二是每个评价项目的说明或定义是否清晰；三是评价者对每个维度和项目的感知与理解的程度。同样，说课评价也受到这三方面因素的影响，只要其中一方面因素把握不妥都会影响评价的准确性和评价效应。

为使说课活动在促进教师专业成长以及教师提高新课程水平与能力上起应有的作用，在说课被广泛纳入职称评审、教师培训和教研活动的状态下，能有章可循，有相对统一的标准可衡量，还是有必要详细探究一下说课评价表的设计（表21-1）。

表 21-1　教师说课评价表

NO. _____ 　　　　　　　　　　　　　　　　　　年　月　日

教师姓名		课题		学科		年级	
项目	内　　容		评价标准			等第(分值)	得分
说教材(30%)	① 确定教材地位与作用 ② 确定教学目标 ③ 确定重点与难点 ④ 分析与处理教学资源		① 准确分析所教内容在学科体系与章节结构中的地位与作用(6分)			A(25—30)	
			② 以课标为依据准确表达三维目标，可观察、可检测、符合学生实际(8分)			B(22—24)	
			③ 结合教学资源，准确梳理重点、难点，指出重点、难点的缘由(7分)			C(18—21)	
			④ 围绕教学目标处理教材，体现课程资源的挖掘和整合，体现创新性和可行性(9分)			D(18以下)	

（续表）

项目	内　　容	评价标准	等第（分值）	得分
说教法学法（30％）	① 教法设计 ② 学法指导 ③ 手段运用	① 教法新颖、适用，突显学生主体地位，有利于教学目标实现（7分）	A（25—30）	
		② 教法设计有一定理论依据（5分）	B（22—24）	
		③ 一法为主，多法为辅；教法有利于解决重点、难点（5分）		
		④ 体现对学生"自主、合作、探究"学习方式的引导（7分）	C（18—21）	
		⑤ 合理选择现代化信息技术，恰当使用教具、学具，有利于优化教学效果（6分）	D（18以下）	
说教学程序（30％）	① 环节设计 ② 资源利用 ③ 时间安排 ④ 效果预计	① 环节设计紧凑，符合认知规律与心理，能与教法、手段密切联系，能围绕目标展开（7分）	A（25—30）	
		② 教学情境创设有利于学生积极主动学习，突出学生主体，探究形式活泼（7分）	B（22—24）	
		③ 呈现出重点、难点，并在教学过程中解决，注重能力的提高（5分）	C（18—21）	
		④ 合理设计教学反馈环节，预估教学效果（6分）	D（18以下）	
		⑤ 适度反映各环节时间安排（5分）		
教师基本素质（10％）		① 普通话规范，语言流畅、精练，富有感染力（3分） ② 有理论素养，有个性，有特色（7分）	A（8—10）	
			B（7）	
			C（6）	
			D（6以下）	
总评（定性评价意见）			总　　分	

　　根据课堂教学基本原则，突出说课的性质与特点，表21-1设置"四个维度""十六个项目""四个等第"，其设计思路与使用说明如下：

　　第一，关于评价指标（项目）问题，说课内容包括"说教材""说学生""说教法""说程序"等四大板块，考虑到"说学生"目的在于准确认识教育对象，以便找到合适的教学方法，对重点、难点部分采取更有效的解决办法。因此只要在其他相关板块中涉及就可，不再对"说学生"做单列项目评价。

　　教材是教学的主要依据。教师对教材必须准确地做好四件事，即定地位、定目标、定关键点（重点、难点）、定处理方法。

　　教法与学法是课堂师生活动的方式。评价时至少要围绕四方面展开，即理性定教法,有合适性;实现目标,解决重难点;突显主体,引导新学法;运用技术与手段有利于优化教学。

教学程序结构属于教学过程的设计,是三维目标实现的桥梁,遵循着情意原理、活动原理、序进原理与反馈原理。对于教学过程中的现代技术与手段运用,以适应、适用为基本原则。

教师的基本素质是说课活动中的综合考核项目,它渗透在教师口头语言与体态语言之中,体现在与听评者的交流问答之中。

第二,关于等第与分值的权重问题。考虑到说课评价表评价项目的完整性和全面性,表21-1中"说教材""说教法学法"与"说教学程序"各占30%,"教师基本素质"仅占10%。

"说教材"项目中,根据重要性突出了教材处理与资源整合的权重,其中教学资源包括软件与硬件、条件性资源与素材性资源。软件与硬件是指教材、教师、学生、设施设备与场所等,条件性与素材性资源是指知识、技能、经验、方法、情感、态度、价值观等。

"说教法学法"项目中,突出教学服务对象的主体性、自主学习及其引导项目的权重,以体现新课改、新教法的主体思想。

"说教学程序"项目中,强调知识习得环节与情境创设,侧重学生学习中思维活动是否生动活泼的评估。

第三,说课是备课教案的理性化,同时说课又不失教案设计的过程性与操作性。因此,对说课的评价也和课堂教学评价一样,不可能靠一种评价表就能涵盖说课要求的方方面面,况且不同的评价目标与要求,不同的说课专题,可产生不同的说课评价表,各种评价表有各自的优点和欠缺,也有许多共性。因此,使用评价表时,要根据说课类型和评价要求的价值取向,做出选择,做出修改。

评价表中还留下"定性评价"的空白,以作为定量评价的补充。研究性说课和示范性说课,由于参与活动的教师人数较多,而平时的时间有限,为了让参与者能充分发表自己的意见,阐述自己的观点与建议,有必要在口头发言参评的基础上,做一些精要的文字评价。

21.6　说课评价的管理

说课评价既是一种教学活动的评价,又是一种教师业务水平的评价,也就是说这种评价是介于教学评价与老师评价之间的。从管理层面来看评价，那么评价就是一种管理手段，以评价作监控，作鉴定，还要以评价作激励，促发展。

一、定量与定性评价相结合，营造良好氛围

说课为教师提供了一个展示自我教学业务水平的机会，为教师群体提供相互交流、共同提高的平台。学校管理者和组织者，为了提高工作效率，必须建立相应的评价机制：确定工作流程和规范、制定定量与定性相结合的评价内容与要求、建立激励与表彰制度并做好总结和档案留存工作等。

说课评价表涉及多项指标，各指标都给予权重与赋值，评价者要综合现场语言与文字信息，以新课改理念为准绳，对说课者做出客观评价。这些都需要管理者在事先和评价进行中做出指导，提出要求。定量评价只能在分值大小比例与优劣上做出区分，而真正使说课发挥其功能，更多有赖于定性的、互动的、合作式的评析与研讨。

当说课纳入研修系列，当说课与教学研究人员、优秀教师面对面沟通时，那么它就不仅是一次竞赛与评比，而是一次难得的学习机会。当说课与专题研讨、与课题研究构成一个有机整体时，说课便会成为促进教师成长与发展必不可少的教学活动形式。

二、正确认识和使用"说课评价"

说课的导向和发展功能是显而易见的，说课活动如果没有相应的评价机制，那么说课的功能与作用就会被削弱。而评价自身的功能，发挥得如何，又掌握在管理者手中。在教学管理中评价并非僵化、固化的手段，它必须因时、因地、因人而异。

首先，说课的评价目标、评价内容不能一成不变。说课评价表一般情况下是在对说课者个人与群体需要做出鉴定、评比时使用，在需要提供量化指标的教学研究中使用。如果日常教学研究，教研组成员之间的说课交流活动也规定使用量表的话，教师就会觉得麻烦，即便大家完成量化指标的评价，由于没有受到充分重视，评价表的价值就会大大削弱。不同性质与不同类型的说课完全可以更改评价量表中的项目和权重，以适应目标的实现。

其次，说课的真正价值是促进教师理性备课，提升教师日常备课的理论水平，进而促进教师成长，所以又不能仅把评价局限于评比与竞赛中。在教师培训、专题教学研究中，根据研究项目可以设计出"专用说课评价表"，以突出其

中的某些项目,细化其中需要深入研究的项目。

再次,在评价中务必要克服和避免"理论加意向"的空洞化说课模式;避免以"评价表项目指标"对题作答的形式主义,使说课走进僵化与形式化的歧途。说课精神所在是促进教师深度思维,在反思、合作与交流中成长,它需要开诚布公,需要畅所欲言,不能被僵化的评价所束缚。

22　说课与教学研究

说课是深层次的教研活动形式之一,是教师将教学构思、构想转化为相对应教学实践活动的预演。自从说课被纳入教学研究系列活动以来,其意义与功能已被教学研究者与广大教师所重视。其实说课的价值,远不止于说课的本身,更在于它融入包括备课、授课、听课、评课、教学反思以及案例分析等系列活动时,所呈现的其他教学活动无法替代的功能。

22.1　说课与备课

说课与备课都是教师上课前的准备工作,是教师认真、刻苦钻研教材,学习新课程标准,弄懂弄通教什么、怎样教、怎样指导学生学并在此基础上发挥个人的创造性,设计出目标明确、方法适当、手段有效的教学方案。

备课,尽管许多学校有集体备课的要求,但仍然是以教师单独备课为主。从构思、资料准备到形成教案,它着重研究解决课堂中的"教什么""怎样教""怎么做"等教学内容及实施技术问题。而说课则是在备课的基础上再上升为理性化认识,口头向同行或教育研究人员介绍对有关教材的理解、分析和设计,不仅要回答"教什么、怎样教",还要集中回答"为什么这样教、这样做"。

备课主要是教师个体的静态的思维活动,常以经验与直觉去设计教学预案。近些年来,教学设计作为一门独立的学科迅速崛起,它以系统理论、传播理论、学习理论和教学理论为理论基础,给教师提供一个有理性思考的、可操作的教学活动实施方案。它一方面是提高教学效果的需要,另一方面,也是最根本的,是教学活动系统化特点的根本需要。而说课便是对教学设计的全面阐述,是基于教学活动系统化特点的一种教研活动。

　　从备课到说课,是教师从个性活动到集体活动,从隐性思维到显性思维,从经验构思到理性构思,从静态到动态的转变与飞跃。这过程实现了科学的提升,系统化的统整,是一种质的变化与飞跃。备课与说课的比较详见表 22-1。

表 22-1　备课与说课的比较

比较项目	备　课	说　课
共同点	课前备课,预想的授课方案,是教学设计的"施工蓝图"	
差异点	① 重过程设计,重操作,回答"教什么""怎么教"两大问题 ② 以经验为依托,个体化的静态思维	① 重理性思考,重整体构思,重在回答"为什么这样教、这样做" ② 以理论为指导,个体表达群体合作的动态思维
拓展途径	① 提高个人智慧备课能力,讲究备课策略 ② 加强组内合作备课,实现优势互补和资源共享	① 改革说课评价机制,提高说课质量 ② 纳入备课、听课、评课系列,开展教学实践研修活动,促进教师专业发展

22.2　说课与上课

　　说课与上课虽然对象与场所不同,但它们是教学从设计走向践行的紧密联系、互相促进的两个阶段。说课是把教案提升到理论层次,并在授课前进行演习、讲解。说课中的"为什么这样教"不直接表现于课堂,而是面对自己的同行——一群有不同教学经验的教师。这就促使说者与听者都要主动地去学习,掌握教育理论,进而提高课堂教学质量。说课的构思经过课堂的时间检验,教师个人与听课教师共同反思、总结后,还可进行再说课,这就深化了教学过程研究。

　　上课是教师在特定的环境中,以教案为依据,以目标为导向,以学生为对象,实施以引起、维持和促进学生学习的所有行为。它有一定程序,有师生双边实践活动和具体的操作方法。

　　说课是以同行教师或教学研究人员为对象,以研究与探讨为目的的活动。说课教师在说课中是单向传递,"说什么"近似于论文的宣讲,"说怎样教"则是上课的单边预演。说课的评议活动,是集体理性备课的新形式,在侧重阐述教学意图和实际依据的同时,还研究解决教学中其他的一系列问题。

22.3　说课与评课

　　评课是用教学理论评价教学实践,用教学目标评价教学过程的教学评价活动。评课活动主要解决"这样教好不好""为什么""该怎样教""为什么该这样教""这样学"等问题。听课教师共同为授课教师提高理论层次,发扬长处和优势,克服缺点,从而达到提高教学水平、改进教学的目的。

　　说课与评课具有对课堂教学理性思考与分析的因素。前者是预案中的"为什么"的思考,是授课者的理性构思;后者是对授课者践行后的评价,包括教学行为、教学效果的得失,因果关系的分析以及对问题总结的分析与改进建议等。当说课、上课、评课同时进行时,评课活动就不仅评课堂实践,也评说课者的说课。

　　备课、说课、上课、听课与评课的内在关系可用图 22 - 1 所示建立关系。

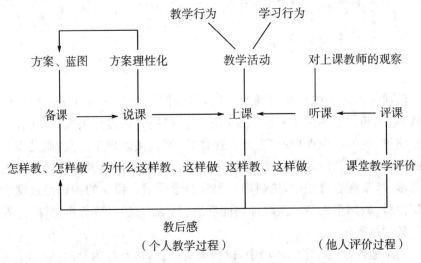

图 22-1　备课、说课、上课、听课与评课的内在关系

22.4 听—说—评课活动

听课又称课堂观察,是听课者现场了解教师、了解学生、了解教学现状的知觉性手段。现在除了听现场课外,许多学校还组织课前听执教者的说课。这样,教师之间的评课活动就不仅包括对教师上课的评价,而且还包括对教师说课的评价。

一、校本研修与听—说—评课活动

有教育专家认为:把"校本教研"称为"校本研修"更为合适,因为它既是教师教学方式、研究方式的一场深刻变革,同时也是教师学习方式、专业发展方式的一场深刻变革。校本研修让教师成为教学、研究和进修的真正主人。

教育专家认为,当今的校本教研应对课程改革挑战,发生了如下几方面的转变:① 从技术熟练取向到文化生态取向;② 从研究教材教法到全面研究学生、教师的行为;③ 从重组织活动到重培育研究状态;④ 从关注狭隘经验到关注理念更新与文化再造。

可见,随着新教改的深入发展,教师专业发展的方式已产生如下特点:一是教育领域的行动研究,呈现回归教师、回归实践的趋势。教师发展不仅在于教师知识能力的变化,而且也在于教师从根本上形成原创能力和创新意识的变化;二是基于学校发展背景,以教师个人或学校发展为导向;三是构筑既有教师自身发展长远的追求,又有实实在在日常专业实践的变革;四是广泛参与、群体合作,以反思为手段,实现优势互补,成果共享。

教师的备课—说课—上课,是从计划到实施、从蓝图到施工的过程,但这个过程若没有评价介入,就不能说是一个完整的系统(图 22-2)。钟启泉教授在《教育与评价》专论中指出:"评价是查明已形成和已组织的学习经验在实际上带来多少预期结果和过程。同时,评价过程总是包括鉴别计划的长处和短处。这有助于检核已组织和已编制的教学计划的基本假设的效度;同时也检核了特定的手段——也就是教师和用于实施教学计划的其他条件的有效性。"在某种意义上说教学评价是教学过程的结束,也是新一轮教学过程的起始。

听—说—评课的系列活动正是很大程度上具备上述特征,具有实践平台特点的教师研修活动。

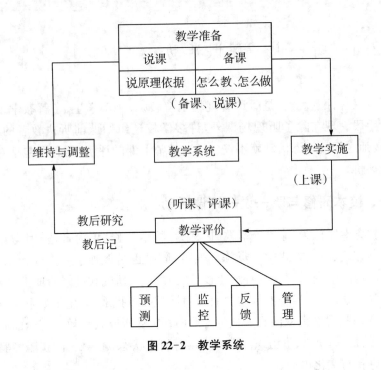

图 22-2　教学系统

二、听—说—评课的内在运作机制

听—说—评课活动的动作要素关系、研究取向与促进教师发展的机制,可绘制如图 22-3 表示。

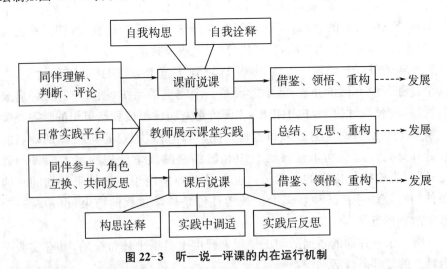

图 22-3　听—说—评课的内在运行机制

上述流程可以由若干组合而成：一是一人说课，众人评议；二是一人说课再上课，众人评议；三是先上课后说课，再众人评议；四是一人上课，众人听课评课。

听—说—评课系列活动，体现实践为本，群体研修，促进教师专业发展新架构，其意义主要表现在如下几方面：

（1）基于教师日常教学实践，是若干专业实践活动中的环节链。它立足于课堂，既是课堂实践的出发点，又是实践的回归点。这样的系列活动的收效更有可能被教师更快地运用到新的实践中去。

（2）除了执教者展示性实践外，因有说课的嵌入，便有了对教学问题的理解和说明，有对实践行为的诠释。当这些内容被置于群体评课氛围中时，评课就不仅包括"课的实践"，还包括"课的构思"的评价，教研的层次便登上新的高度。

（3）听—说—评课的生命力在于"评"上，"评"要对照新理念、新课标，要找依据，以理服人。无论是评价他人还是接受他人评议的教师，都会从其中受益。

当然听—说—评课系列活动，还要少一点"居高临下""求全责备"，尤其教学研究人员参与的情况下，要给执教者以说明陈述的时空，以平等讨论的方式开展评课，从客观上为"百家争鸣"创造条件。

（4）说课与评课都依托于理论构架，前者是用直接相关的理论来解读教学预案，后者是用相关理念、理论、标准以及实际效果来观测教学实践。这两项活动都可促进教师反思，反思已有的理念与行为，反思怎样改进能与他人的新认识、新方案对接。参评者也可以借助评析所获的新认识充实自我、发展自我。

三、听—说—评课促进教师专业发展

听—说—评课活动目前已广泛被中小学所采用，成为日常教学研究与实践的环节。它的自主性和基于教学现场的实践性，被许多学者认为对促进教师专业发展具有重大意义。

（一）教师专业发展特征与听—说—评课

教师专业发展是教师内在结构不断更新、演进和丰富的过程。即教师通过接受专业训练和自主、主动学习，逐步成为学者型、研究型教师，并不断提升自己专业水平的持续发展过程。

对中小学教师专业发展的特征，目前研究中有不同的分析与表达：有人认为教师尤其对中小学教师发展具有自主性和连续性、情境性和多样性特征；有人认为教师的专业发展是目标明确的、现代的发展，自主能动的发展，开放的、有刺激的发展，循过程、按阶段、有规划的发展，多种路径和模式的发展等。

之所以有众多的特征表述,是因为不同的研究者所选择的视角和维度各不相同所致。如果我们要从中提炼最主要、最本质的特征的话,应该认为是自主发展和以实践为取向这两点。

听—说—评课活动正是教师以课堂教学为核心的最为实在的实践取向,它取之课堂,议于课堂,又略高于课堂,因此听—说—评课活动是教师专业成长的重要渠道。

(二)改进经验型做法,提升听—说—评课的专业发展功能

中小学听评课活动在全国各地已开展了几十年,由于大多是在学校教师自身群体中进行,成为一种家常式教学活动,尽管 20 世纪 90 年代起增加了说课一项,为这种活动增添了新的生机,但是听—说—评课活动,如果仍然以经验型为主,那么其功效就会受到很大的限制。

改进经验型做法的关键有二:一是教学研究人员介入其中,将他们的理论研究与学校教师的实践做法结合起来,以确保在专家引领中提升理性思维,以深化教改,促进教师专业成长;二是不追求表面热闹、讲究形式、做表面文章,而是以实实在在的研究目标、学习目标为导向,开展切中时弊、以学生学习时效乃最高标准的听—说—评课活动,那么这种活动才能真正促进教师专业发展。

22.5 说课与教研活动

教研组是学校教学系统的一个基本组织。它的主要任务是:努力贯彻党和国家的教育方针和政策,组织教师开展以课堂教学为中心的教学系列研究活动,不断提高教学质量。教研组的性质和任务决定了它在学校教学工作中的地位是十分重要的。新课改全面推进的背景下,要求教师加强教学研究活动,加快教学变革。新课程进入课堂,要求教师用新课程理念重构课堂,发挥团队合作学习的功能,共同提高实施新课程的能力。

一、传统教研活动的弊端

许多学校虽然对教研活动有一定的规范化要求,但管理不力,教研活动总不太正常。由于教师课时多,教研活动从定期变成不定期,从有计划性到随意性,从定时性到短暂性。有的学校规定每两周开展一次教研活动,因为时间短暂,难以进行专项系统研究,常常被教学任务的安排、教学进度的调整以及一

次集体备课等项目所填满。目前教研活动的弊端主要表现在如下几方面：

（一）缺乏针对性的理论学习

在新课改的推进中，许多学校教师参加了不少区（县）级组织的新课改理念与理论学习，如果在以学科为主的教研活动仍停留在宏观的课改理论学习上，那么就很难解决教师自身群体中存在的共同问题。

（二）缺乏真正意义上的学法研究

教研组活动比较多的是研究教法。如教材处理与分析、听评课、新课教学的设计等，很少在学生"学"的层面进行深入研究。

学法是指学生掌握知识形成技能的方法与能力，它既包括大的方面的学习策略，也包括一些小的方面如学习习惯。传统的教法只重视向学生传授知识，而不重视学生自己怎样有效地获得这些经验的方法。

尽管许多学校强调备课中要备学生，教研中要研究学生，但教师在具体研究时，往往总注重于学生学习中的不良习惯、知识欠缺与能力不足的发现与分析。其实学法研究要从表面现象分析走向内隐性、个别性的分析与探究："内隐性"主要是思维特点与思维过程；"个别性"是学生学习的个性色彩，是学生独自内化的结果。重教法轻学法或有学法研究却与教法分割，是教师教研中普遍存在的问题。这就很难做到教法与学法内化过程同向同步，教法与学法的运用过程同向同步，教法与学法的发展水平同向同步。

（三）缺乏整体协作

课堂教学中教师的教，虽然是一种个体行为，但是上课之外的教学活动应当体现一种集体智慧，是为实现共同目标而合作互动的过程。一些学校只求形式上的参与，不求深入调研，还存在着"只求唱功，不重做功""只图好搞，不图搞好"的肤浅型、形式化的教研现象。

（四）缺乏课题研究

当前的学校教学中，大多数教师仍缺乏科研意识，教研活动找不到切中要害的共性问题，无法用课题立项的形式来总结已经初步呈现的教学经验。泛化、空洞化的教研活动，无法找出教学现象中的因果关系，更谈不上探究其中的规律与原理。有的学校还存在急功逐利的思想，在外"撑门面"，科研总停留在少数几名骨干教师身上，造成少数教师搞科研、搞教研，多数教师看科研、看教研的局面。

二、新型教研活动中的"说课"

阻碍教师专业化发展的因素很多,从实施新课程新课改层面上看,除了教师尚未真正学习好、理解好新课程理论,使其内化为自己的知识结构,纳入自己的教学思维之外,还缺乏面对新课改的实践智慧,尤其校本教研、校本研修需要提升。新型的教研需要从如下几方面做深入探究:

(一) 强化"三位一体"的内在机制

教师个人、教师集体和专业研究人员是校本教研的三大要素,他们构成校本研修的三位一体的密切关系。其中,教师个人的能动与主动是关键,而能动与主动的动力是制定与学校发展同步同向的个人职业生涯规划。"手段"是教师个体反思与感悟,教师集体的协作驱动、合作互动,教研组要有切实可行的计划、有明确的专题(或要解决的问题)、有符合教学实际的活动安排、有研讨过程的材料累积、有一定价值的书面阶段总结和系列研讨式的公开课等方面。专业研究人员介入能起着专业引领、提升层次和画龙点睛的作用。

(二) 建立包括说课在内的研修流程

上海某中学根据各个教研组开展校本研修的情况,还确定了该校的校本研修活动的基本流程,如图 22-4 所示。

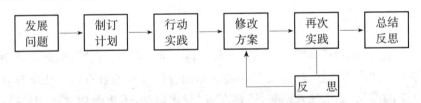

图 22-4 上海某中学校本研修活动流程图

其中"行动实践"有以教学困惑和问题为切入口的教学专题探索公开课,有解决该困惑与问题的专题研讨,有公开课开设前的说课与课后的说课。

说课在教研活动中的"生命力"与"价值"在于:

(1) 学习理论、转变观念是教研的先导。教育理论倘若高搁于实践之上或未与教师的教学实践行为结合时,理论便失去了自身应有的价值。"说课"的说理、说依据正是教师对自己的教学实践行为找源头,"自思、自悟"的过程,这种"践行中悟理论"在某种意义上说比空泛的理论学习更实用。

（2）说课中的"说理"，更贴近即将发生的教学现场，这种"说理"是被教师"内化"后初步转化为"教师教学知识"结构体系的再显现，它既有利于教学专业研究人员做"诊断式评价"，也有利于同伴做"共享式评析"。

（3）说课的活力还在于它是对传统经验备课的补充与修正，是个体备课走向群体、理性、合作备课必要的构件。

22.6　说课与校本培训

随着现代教育的发展与新教学改革的深入，校本师资培训日益被人们所重视。如果说区（县）级师资培训是以宏观理论与泛化的教学能力为主要内容的话，那么，校本培训则是以更强的针对性与实效性显现出它的优势。当前，要使新课改真正走进课堂，开展学校发起的旨在满足教师个体工作需求的校本培训活动，已成为学校管理者的共识。

校本培训，指校本师资培训。其内涵是源于学校的发展需要，以学校为主阵地，由学校发起和规划，紧密结合本校教育工作，充分利用校内外各种资源，满足学校与教师共同发展需求的学习与培训活动。

一、走出当前校本培训的困境

当前，校本培训中，虽然总体上体现的是根据学校实际进行的培训，但大部分学校的培训仍属接受式、表面化的培训，它对教师的实际帮助不大，究其原因主要表现在以下几方面：

（一）目标不明确

一些学校领导认为教师是一个知识传递者，教师的任务就是狠抓学生分数，提高升学率，要进行校本培训，无非是为完成上级部门布置的指定任务。因此，导致教师把校本培训当作晋级所必须完成的业务培训，只求拿到学分皆大欢喜。

（二）体制不完善

校本培训没有纳入学校的发展规划中，许多学校的培训仅放在寒暑假的几天集中进行，一些学校的培训在时间、地点、对象、内容、方法、评价等一系列管理上带有很大的随意性。教师在分组讨论中往往没有一个明确的主题，东拉西扯的现象严重,真正能帮助他人和自己解决实际问题的太少。

（三）形式、内容单一

形式上以开设讲座、观看录像等接受式、告知式居多;内容上也以宏观、抽象的教育基本理论知识与学科专业知识居多。具体课程的设置大都源于培训者自身资源与能力的考虑,与学科教学、不同阶段教师的实际需求存在较大差异。有的学校索性把教师一日常规教学活动,如备课、上课、听课、评课等教学等同于校本培训的全部内容。

之所以在校本培训中出现上述几种局限性,关键在于目前的校本培训还不能适应当今教育改革的需求,还不能有效地促进教师专业发展。学校领导对教师的个性关注不够,只看教师做了没有,少看教师做了以后还应当在哪些方面有所改进、怎么改进;忽视主动性、针对性、实效性;不了解教师教学的难点在哪里、困惑点在哪里;不知道教师有哪些潜在能力,这些潜在能力是不是被开发了,怎样有效、高效地开发,开发了多少。如果学校一切工作的重点就是为了抓学生的分数,分数提高,高枕无忧,这样就势必造成教师的浮躁心态,最终导致教师校本培训被动、盲目、低效。

二、用新理念统领"学习型"校本培训

"学习型"校本培训的理论基点是:学校是教师真正发生教育学习的地方,而教育学习又基于教师对学校真实的教学问题进行自主的研究才有直接的意义,学校进行校本培训就是教师与专家,教师与教师之间的相互学习。因此,学校中的教师进行的培训行为应和学习一样,是主动的、自主的、终身的、全民的、富有个性的。

学校组织教师进行学习型校本培训,倡导的是自主、享受、互动的文化氛围,在这种氛围中教师要学习怎样学习和学习怎样思考。

"学习型"校本培训的构建如下:

（一）共同愿景的达成

校本培训的方案出台不应是学校领导单方面指定的,而应是教师之间形成的团体所共同寻求的愿景,这一共同愿景把教师个体的学习、智慧与能力搭配成一个整体。从这一点看,"学习型"校本培训实质是团体的学习,其方案的出台一定是从大家的意见中提取出精华,形成高于个人见解的团体智慧的结晶。正如彼得·圣吉认为的那样:"团体学习是发展团体成员整体搭配与实

现共同目标能力的过程,因此是建立在发展'共同愿景'的修炼基础上。"只有形成共同愿景,才能搞好团体学习;只有搞好团体学习,才能使每个个体的学习更充分。

（二）对话交流的构成

在共同愿景的目标达成之中,校本培训在实施时,其互动性主要体现在对话与交流上。它可分为两个循环系统,如图 22-5 所示。

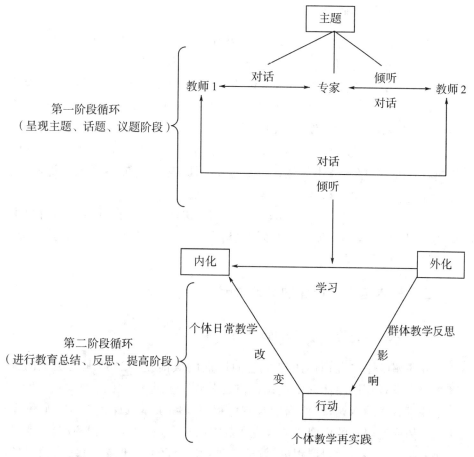

图 22-5　校本培训中的对话与交流

第一阶段循环的特点是：教师与专家处于平等的地位,对话交流可以在教师与专家之间展开,也可以在教师与教师之间展开,它不是线性的、单向的,而是立体的、全方位的。

第二阶段循环的特点是：教师在日常教学中总有自己固有的"内隐理论"在起作用,通过第一阶段的循环学习,教师群体不断地进行教学反思,并把教育的独特理解外化、显示出来,引出相关的教学实例、教学问题,这些都是为理论更好地走向实践的具体的行动研究。在对话交流过程中,对话者不断地陈述、追问,倾听者不断地与他人经验进行碰撞,潜移默化地影响教师进行进一步的教学实践,在实践中再不知不觉地改变教师原有的日常教学的"内隐理论",形成新的"内隐理论"。

（三）伙伴合作的形成

伙伴合作可以是组织行为,由学校指定,也可以是个人行为,由教师自由选择,年龄跨度不限,使用不同发展阶段的教师都能学有所值。

伙伴合作有利于培训内容的合理选择。内容上既可以是专业通用知识的培训,也可以是教育教学改革中任务驱动的培训;既可以是新教师的技能培训,又可以是骨干教师的发展培训等。

伙伴合作培训方式应该灵活多样：① 专题讲座式倾听;② 专家与教师座谈式对话;③ 自修式捧书研读;④ 专题式说课与交流;⑤ 课题式说课研讨;⑥ 个案研究式叙事活动等。

在培训中合作学习,在合作学习中培训,这样的培训能让教师学得更主动、学得更愉快、学得更实在,教师能在培训中享受学习,在学习中创造文化,在文化环境中熏陶自我。

三、校本培训中说课的培训功能

（一）从说课概念看说课的培训功能

说课解说性与说理性决定了它的培训的效能是对教师理论层次的提高。中小学教师说课活动中说课范围已从说一堂课扩大到一个教学单元,一个课堂教学的专题,一门新的校本课程以及除了基础课程之外的研究型课程与拓展型课程的说课。随着说课范围的扩大,形式与过程的创新,要求说课者必须更多地学习课程论、教学论,学习教育学、心理学,并结合自己的教学实践做出适当的解析。

说课时,要求教师以现代教学理念为指导,对整个教学设计在理论上做高度概括、科学分析、简明解释,从而证明相应的教学程序的合理性,而不是随意的;是理性的,而不是感性的;是客观的,而不是主观的;是科学的,而不是盲目的。如果一个教学新手的青年教师,既听了带教教师的说课,又听了带教教师的上课,那么他不仅获得的是授课具体技能,而且也证明了这次教学活动的"工作原理"。

（二）从说课内容看说课的培训功能

具体见表 22-2。

表 22-2　说课的培训功能

说课内容	说课范围与要求	教学专业技能培养
说教学内容（以教材为主体）	地位、作用、结构、体系;处理、选择、调整、增删;重点确定、关键确立,难点突破与化解、解决方法与理由	以课程论、教学论为理论基础,不断提高研习教材技能;熟悉原理、熟悉体系,感知理解教材、把握重难点,调整选择教学内容
说教学目标	① 宏观目标:社会主题目标、个人主体目标 ② 具体目标:知识、技能、过程与方法;情感、态度、价值观 ③ 目标确立的依据	以新课改理念为指导,在熟悉新课标的基础上,提高研习新课标技能:解读、分解、表达、转化
说教学方法	主要方法与次要方法;教学方法选取与确定的理论依据与实践根据;教学方法的应用如何突出重点,突破难点,启发思维,发展思维	以教学论与教学过程为理论基础,以新课改新教法为指导,不断提高教法技能与运用技能,提升从教法向教学策略转化的技能
说教学对象	认知水平与结构;知识基础与实践经验;基础能力与分析;心理特点与学习风格;学法指导	以教师角色定位与新学生观为指导,不断提高了解学生认知准备的技能,增强教学预见性和针对性
说教学过程	总体思路与环节;程序与实施方法;师生双边活动设计与安排;总结归纳与拓展延伸;突出重点,强调教学过程的机理	以教学论与教学过程为理论基础,提高课堂教学技能;知识重构（结构化）;知识问题化;知识与思维一体化

随着教学改革的深入,以活动取向的探究性教学将成为众多课程教学的一种新模式。这种教学模式中,学生是教学的主体和探究者,教师是组织者和引导者。教师在从事探究性课程教学,要设计出具有探究性学习的教案,当这种教案转换成说课时,对说课教师的教学技能也提出了更高要求,与探究性学习的阶段性目标相对应的教学技能有如下几方面,如表 22-3 所示。

表 22-3 探究性学习的阶段性目标及相对应的教学技能

阶 段 目 标	对 应 的 教 学 技 能
设置情境,选择问题	创设问题情境技能、引起学生探究的技能
分析因果,提出假设	采集和提供信息技能、引导提出假设的技能
设计方案,验证假设	组织讨论假设的技能
分析材料,解释结论	形成结论的技能
反馈与反思	拓展已有的结论的技能、反思技能

(三) 从说课在校本培训系列中看说课的培训功能

校本培训中除了专家引领、现场指导外,大量的培训活动是立足于学校发展、基于教学实践、存在于个体与团队的合作互动中的。从培训的构成来看说课对专业化提升作用从以下对应关系中看出它的延续性效能:

观念更新式校本培训——说课能将新确立的教师观、学生观、教学观应用于教学设计的解说,从中找到课堂教学实践行为的相关原理与依据。在消化、内化新观念时,可以从中获得科学的理性思维,并用这种思维去升华自我的教学经验。

知识拓展式校本培训——教师通过说课能将所获得的学科拓展性知识、教育的研究新成果、社会学与心理学的相关知识以及其他广博的文化基础知识,通过学习、理解、内化,来提高整体驾驭课堂能力,从而实现重构课堂、改造课堂的目的。说课是提升教师理性备课、智慧备课的必要载体,说课的本领又依附于教师厚实的文化底蕴。

能力提高式校本培训——学科教师的核心能力是课堂的施教能力,当前来说主要是有效构建新课改理念下的新课堂。能够提高培训无论是通过榜样示范、技能传授、合作式探究还是个体研习,说课在其中都占一定的地位与作用,因为说课是教师崭新的话语系统,它能重构教师的"内隐理论",还能将隐性思维显性化,从而达到各种能力提高的目的。

行为修正式校本培训——这是以针对传统备课、上课的问题行为作批判的培训活动,如传统备课强调教师的作用,而忽视了学生的能力培训,重教学的预设而轻教学的生成。在课堂教学中重知识轻思维培育,重知识传授轻情感的提升等。将说课(包括狭义与广义的说课)列入行为修正式培训系列之中时,那么就能较好地解决认同、理解、内化新教学原理以及相关的教学行为要求等问题。

临床诊断式校本培训——这是以课堂教学现场,以教学实录、教学案例为"临床"的诊断、分析与评价活动。在"诊断"中,可以是自我诊断(课后说课),也可以是"诊断"他人(评课),还可以是课后的专题说课及其评析。

23　说课与教师专业发展

说课是教师理性构思与外显性口头表达的结合,是隐性的理论思维和显性预设行为的结合,是教师个体与教师群体彼此交往中进行的新颖教研活动,因此,它对教师专业成长与发展具有促进作用。在当今,说课活动已成为中小学教学领域的普遍现象,成为教师解放教学思想,提升理论层次的重要载体,我们有必要对说课与教师专业发展之间的相关性做一番深入的探讨。

23.1　说课的价值取向与教师专业知识结构

说课诞生于课改,随着新课改的推进而走向成熟。说课是教师寻找教学实践行为意义与理论依托的一种文化活动,它存在于课改时期教师学习文化的生成与发展之中。

说课的新颖立意植根于教学实践,决定说课的价值取向。

一、改变教师备课思维,提升教学活动的理论层次

说课是对教师传统备课行为的改造。许多教师似乎是这样进行传统备课的:教师案头上放着两本书,一本是教科书,一本是教学参考书。在翻阅这两本书后,经过自己的构思与总结以往的教学经验,便着手写教案或将旧教案做适当修改。这就是教师走进课堂前的最基本的准备工作。当然还有与之相关的教具准备与资料准备等活动。在这过程中,教师的思维主要停留在"教什么""怎样教"两大环节上。显然,新课程理念下的新课堂教学倘若仍以这样一种传统的浅层次备课,已不能适应新课程目标所追求的课堂教学的要求,我们不妨对两种不同的教师个体备课做一番粗略的比较(表23-1)。

表 23-1　浅层次、深层次备课的比较

浅 层 次 备 课	深 层 次 备 课
以教材为中心，以"教什么、怎样教、怎样做"为行为指导	以学生为中心，不仅以"教什么""怎么教"为行为指导，更要明白"为什么要这样教"，明白自己的教学构思与教学行为意图
以阅读教科书，翻阅教学参考书和准备必要的教学工具或实验为备课过程的主要显性行为，随后完成一份传统格式的教案	除左栏必要的备课程序外，还要再深度解读教材，阅读学科新课程标准以及有关参考资料，充分理解编者意图，剖析教材；全面了解学情，强化学法指导；优选教学方法，用现代信息技术手段优化课堂教学；随后才能完成一份有一定新意的教学设计
教师编写教案是自我教学预设的方案，其行为往往会被为完成任务所驱使	教师编写教案，不仅有自我的预设，还有群体参与合作；不仅不是全盘的预设，还应为教学中的生成留下时空；将撰写教案、集体备课以及课前课后的说课视为专业成长与发展的阶梯

显然，新课程改革背景下的课堂教学需要教师深层备课，智慧备课和理性备课。将备课与说课结合起来看，我们会发现有"两种必然"：一是只有深层次备课之后，将备课教案再转化为说课说稿就会"顺理成章"，"水到渠成"；二是只有开展了说课活动，必然会驱使教师深入思考教案设计的理论依据，进一步理清自己的教学意图。

二、改进教师话语系统，丰富教师学习文化

俗话说，教师是吃开口饭的。一般情况下教师彼此之间的话语不可能出现"语无伦次""词不达意"的现象。任课教师，尤其有一定教龄的任课教师课堂教学语言流畅、生动、贴切、富有情感，因此会产生良好的教学效果。当说课成为学校教研活动一项重要构件时，当说课教师面对自己的同行和教学研究人员时，往往不少人会产生畏惧感和不安，于是有人照本宣科、照读说课稿。产生这种现象的原因主要有两方面：一是长期以来教师的话语主要是面对学生的，而教师之间的对话往往以生活与工作的交流为主，虽然也有定期的教研活动，又因时间短暂以及口头交流的随意性，使教师之间很少进入深层次的学术交流；二是由于较少开展深层次备课，即使有集体备课形式存在，教师往往会把目光聚焦在纯技术、纯技巧的交流与讨论，对于理性思考、教学依据则很少触及。

经常开展说课活动，尤其将说课与其他教研活动结合起来，成为校本研修的一个重要项目时，说课将会逐步改进教师彼此之间的话语系统。一是为了说好课，教师必须更多地阅读教育类书刊，经常学习与解读本学科的课程标

准,在此基础上撰写说课稿,然后再转换为口头表达;二是为了参与对说课教师的听评活动,评价者也需要预先研读教育理论,钻研新课标,以便使自己更好地进入评价状态。这样,说课交流活动中的教师话语就与传统的组内备课时大不相同。

说课活动的开展,教师彼此之间经常会为构建新课堂而反思,为追求更好的教学效果而寻找理论支撑,为自我有效的教学经验总结而探索其背后的理论依据。

当说课深入发展并与教师教学研究融为一体时,教师思考问题的高度、广度与深度都将进一步增强,不再仅仅讨论诸如"教学进度的安排","教学程序的设计"以及"如何命题"等教学业务的常规。下面一些重要问题将会进入教师的话语系统:

（1）我们为什么而教,应教会学生什么?

（2）"促进学生发展"对本学科教育来说意味着什么?

（3）我们应当确立怎样的教学观和学生观?本学科新课程教学有哪些新颖的教学方法和策略?

（4）我们应当改变哪些传统的教学思想、教学思维与教学行为?

（5）已被我们确认的教学理念如何有效转化为教学行为?

（6）成功的教学、成功的课堂如何进行总结反思,如何寻找隐性思维中的理论支撑点?

（7）如何正确地认识和深刻剖析教学中产生的问题?

（8）教师经验中的"默会知识"是否科学,是否符合现代教学思想,怎样提炼使之成为可传输的知识?

三、完善教师专业知识结构,提升专业水平

20世纪60年代中期,联合国教科文组织曾对教师工作性质作了界定:"应把教育工作视为专门职业,这职业要求教师经过严格、持续的学习,获得并保持专门知识和特别技能。"在教师专业的研究上,有人提出教师专业具有以下几大标准:"有较高水平的专门知识和技能,掌握学科领域发展前沿方向;经过专门训练,有较高职业道德;有不断进修的意识与能力,有合理的知识结构;必须实行教师资格证书制度;终身学习。"

根据当今教改的新形势要求,合格教师的知识结构应由基础文化知识、相关的学科知识和学科专业知识这三部分组成。而其中专业知识结构又可由专业基础知识、专业主体知识和专业前沿知识构成。

由于说课需要说出教学设计的原理、依据和意图,需要开展对教材文本的解读,对学情的分析与判断,寻找有效教学探索等群体性评价活动,这样对教师知识结构,尤其对专业知识结构提出更多的要求。

(1) 从教师的知识结构来说,基础文化知识需要拓展,相关的学科知识必须兼有,学科专业知识必须厚实。

(2) 对教师专业知识结构来说,专业基础知识要厚实,才能促使专业主体知识的发挥。作为以基本理论、基本概念、基本技能为主体的本学科主体知识,必须扎实而厚重。例如初中物理教师在教力学时,首先要求教师掌握力学基本概念、基础理论以及有关力学的基本解题技能与方法。其次是应具备讲授有关力学的基本本领——把握教材、解读课标、解决重难点等。另外,说课中教师个人所表现出的先进性与创造性,还得依托于教师对本学科前沿知识的了解与熟悉程度。

在现代教学论研究中,人们发现专业知识还可分为"显性"与"隐性"两类:显性的知识是规范的、系统的、有科学性和被证实的,且有明确的内涵。隐性知识则是难以规范、尚未稳定,多以个人技巧、诀窍、习惯来呈现。对教师来说,教学是一个存贮着大量隐性知识的专业——它有着大量的有效方法和尚未规范、等待显性化的知识。

著名的学者舒尔曼提出了如下被称为教师"教学知识"的知识框架结构:

(1) 一般教育理论知识;

(2) 学科知识;

(3) 学科教育知识;

(4) 课程知识;

(5) 有关学生的知识;

(6) 有关教育背景知识;

(7) 有关教育目的、历史价值观的知识;

(8) 实践智慧。

其中"学科教育知识""有关学生的知识"和"实践智慧"这三项中涵盖着很强的个性化特点,它们中的隐性知识占了很大比重。

教师要提高备课技能,提高说课本领,显然要站在专业成长与发展的高位来思考。一是要不断丰富自己的显性知识;二是要积累隐性知识,完善本学科的"教学知识";三是尝试用简易的文章和口头表达的方式将隐性知识显性化,如课后反思写教后感,进行典型教学案例交流,群体性课前与课后说课交流以及教学叙事研究等。

23.2 说课是促进教师专业发展的三个维度

一、"说课—明理"基于"教学反思"的教师专业发展

说课是把自己的教学设计告诉他人的同时还要讲清道理,从自知其然到告知所以然,这是说课中最重要的工作。在这样的过程中,教师的直接行为是找出理论依据和悟出自我实践中的道理,而从理论上看教师必须进行教学反思。美国著名学者波斯纳曾提出著名的教师成长公式:经验+反思=成长。这表明教师要不断反思已获得的经验,没有经过反思的经验则是狭隘的经验。

华东师大熊川武教授曾于1999年出版了《反思性教学》的专著,开创了以专著形式在我国探讨反思性教学的先河。随后,张立易在《教育研究》2001年第12期发表《试论教师的反思及其策略》一文中,对"教学反思"的界定做了如下说明:教学反思是指教师在教育教学实践中,以自我行为表现及其行为之依据的异位解析和修正,进而不断提高自身的教育教学效能和素养的过程。还有人认为教学反思是教师以自己的教学活动为思考对象,又对自己所做出的行为、决策以及由此所产生的结果进行审视和分析的过程,是一种通过提高参与者的自我觉察水平来促进能力发展的途径。

我们可以这样来归纳众多学者从不同视角对教学反思所下的定义中的本质属性:① 反思是以自己教育教学活动作为认识对象;② 对其中的行为与过程进行批判、再认识、再审视而实现专业发展。

关于教学反思的方法,一些研究者推出"反思日志""教学现场录像、录音""征求学生意见""开展同伴的协作和交流"等,还可借助"教历研究""叙事研究"等载体进行。

本书认为这些方法的基础自然是教学活动,而教学活动绝不仅仅在课堂现场,它还发生在包括备课、说课、听课、评课以及师生之间的交流之中。

就说课而言,我们也可以这样理解:说课是对教学准备的反思,是对已经写就的教案的反思。说课中的评析,从说者与评者角色互换的意义上说,评价别人也在审视与反思自己,评析也是一种群体反思的行为。

傅建明编著的《教师专业发展——途径与方法》一书中,将说课归入教学反思方法之列,指出"说课是教师在备完课乃至讲完课之后,对自己处理教材内容方式与理由做出说明,讲出这些过程,就是讲出自己解决问题的策略。而

这种策略的说明,也正是教师对自己处理教材方法的反思"。

二、"说课—交流"基于"教学合作"的教师专业发展

说课是指说课教师从隐性备课走向显性备课的过程,当进入说课时,说课便进入人与人之间的交流状态。也就是说,对教师个人来说,备课、写教案可以是教师本人的单独行为,而说课如不处于交流状态,那么说课便失去了自身的意义。

交流能起着相互学习,优势互补的作用。交流之中,因为大家面对共同的教学任务又有必要协同行为,进行合作。

心理学中的合作是指为了共同的目标而由两个以上的个体共同完成某一行为,是个体间协调作用的最高水平的行为。而"教学合作"是 20 世纪 80 年代在美国提出的"师师互动"为典型的合作学习,它是针对各自为政的教师教学现象而提出的。随后便形成了"协同教学""导师制""同伴教练"和"同伴指导"等系列经验。我国一些教育人员在进行教师教研活动调查中,发现有近 75％的教师认为"有必要与其他教师进行教学经验交流"。本书编者在深入学校调研中,也发现对完成一项说课活动所表现出的合作意识和交流研讨的良好氛围。

从说课中的合作层面上看,可分为同学科合作与跨学科合作。同学科合作是指一个年级或不同年级教师之间的合作。尽管大家都上同类教材,但由于教师之间学识水平、知识结构、教学实践经验以及教学风格的差异,在具体课堂教学实施中仍然会有较大差异。这种差异可以看成是一种资源、一种各自的优势,经过相互启发、相互补充就可实现"1＋1＞2"的效果。跨学科合作可以改变学科之间不相关、文理不通气的格局,只要是文化学科,课堂教学策略、方法和程序有很多地方相通、相似的,它对进一步加强学科之间教学内容的共同研究,有机整合其他学科中的相关知识,利用、借鉴其他学科相关的教学方法,共同实现用新理念、新模式实施新课程教学都有很有效的协同作用。

说课中的合作可分为主宾式合作、系列式合作和主题式合作等类型。主宾式合作是指由一个教师承担说课任务,同年级或同学科若干人介入协同说好同一章节的课。这种类型可以实现角色互换,说评兼有,达到共同提高的目的。系列式说课是指几个教师分别承担同一教材同一课时的说课任务,或几个教师尽管都是同一教材,但可根据事先的安排各自选择不同的教学模式或教学方法来设计课堂教学,并在此基础上形成不同风格的说课稿。这种各自展示自我,同时接受他人评议,相互聆听彼此的说课,既有分工又有合作,既有自评又有他评的方式,这对说课能力的群体提高会起着很好的作用。主题式

合作——选择说课中说教材、说学情、说教法、说程序的一或两个板块,突出一种新课所倡导的理念或教学方法,开展说课活动,这样可以实现点上的突破和专题研究的深入进行。上述各种类型都是在众人共同参与、协同探讨中进行的。如果能做过程记录,再加上适当的提炼,就可以成为教师说课行动研究实践性科研成果。

三、"说课—研究"基于实践研究的教师专业发展

刘捷著的《专业化:挑战 21 世纪的教师》一书中指出:反思与研究是通向"解放"、实现教师专业自主的有效途径。这里所指的"解放",可以理解为一种为教师传统思维的突破、对教师个体化劳动的开放。而"专业自主"是指教师个体与群体,为实现自身发展的一种"觉醒"。教师专业发展从宏观上讲涉及制度创新、体制和机制的促进,还有行政的驱使以及任务的驱动等。但其中核心部分却是教师自身的"主动"与"能动"。学校实施的许多涉及教学的改革,所推进的重点课题研究,最终都要落实在课堂,由每位任课教师来践行。一旦教师有了"自主发展"意识并见之于具体行动时,学校教改才会有真正的活力,教师自身也就随之得到有效发展。

说课如何实现并提升其价值,不仅仅对于"说"(包括陈述性语言、课堂语言和肢体语言等的科学性与艺术性)的研究,还在于说课活动中研究与探讨,在于说课与其他教学研究活动的优化组合。不仅仅在于促进教师确立反思意识,学会并善于反思总结自己的教育教学经验,提高说课的质量,还在于把说课作为研究的载体,作为研究的过程性手段,那么说课的价值就会更有效地指向教师自主培训、自主发展上。

"说课—研究"主持教师除了专题讲座,还可将"指导纲要"发在网络上,以主题帖的形式发出,要求教师跟帖,并在 BBS 上进行交流。这样做不仅全面提高了骨干教师的说课构思与表达能力,而且也促进了学校专题科研深入开展,写出了与课题总报告相配套的说课和教案系列。

下面是主题置顶帖和一个教师的回帖范例:

教师置顶帖:
关于一堂课"教学目标与重难点"的局部教案撰写说明与要求
(1)以新课改三维目标要求来表达;教学目标在写出目标是什么之后,还应当简要说明为什么确定这样的目标,它可来自课程标准、某单元教学目标的分解与细化,也可是你根据学生实际而确定的。

（2）"教学目标"不能写成"教师的教"，而应是"学生的学"，要求学生达到什么状态、水平，要尽量用具体的、确定性动词来表达，还可以有适当的量化要求。

（3）"重点、难点"不仅要写出是什么（其中重点与难点可以重合），还要适当分析为什么，并提出如何解决，即如何突出重点，化解难点。以策略性要点表达就可以了。

（4）在专题教案的前言应说明所教学科，所在单元和课文名称，共几个课时。

主持教师

回帖：

[前言]

上海版（二期课改）　小学三年级 语文第二学期 第八单元

48.智烧敌舰（共1课时）

[教学目标及说明]

（1）能独立认识本课生字新词。联系课文的语言环境，重点理解"乘虚而入""惊慌失措""欣喜若狂""焦头烂额"等成语，学习先理解关键词素再理解整个词语意思的解词方法。

说明：运用多种方法理解词语是三年级学生应具备的一种学习能力。在掌握了查字典、联系上下文理解词语的基础上，本课中将进一步学习先理解关键词素再理解整个词语意思的解词方法。

（2）能正确、流利地朗读课文。了解古希腊的阿基米德是一个大智大勇的著名科学家，通过多种形式的朗读感悟阿基米德的大智大勇。

说明：语文教学的任务之一是培养学生的语言表达能力。小学生的语言表达能力的一个重要方面就是其朗读能力的高低。让学生在"感知、领悟、体验"感情的基础上提高朗读水平，不仅有助于培养他们的口头表达能力，而且有助于学生与文本之间的融合，达到"文道统一"的目标。

（3）学习写人物语言时注意把说话人动作、神情作适当描写的表达方法，展开合理的想象，创造性地复述课文第7、8节。

说明：新课标中要求中年级学生"能复述叙事性作品的大意，初步感受作品中生动的形象和优美的语言，关心作品中的人物命运和喜怒哀乐，与他人交流自己的阅读感受"。这篇课文的故事性很强，以文本语言为抓手，学习创造性的复述方法，将课文语言积累内化为学生自己的语言，也是培养学生的语言表达能力这一语文教学任务的另一个方面。

[教学重点]

（1）联系课文的语言环境，重点理解"乘虚而入""惊慌失措""欣喜若狂""焦头烂额"等成语，学习先理解关键词素再理解整个词语意思的解词方法。

（2）学习阿基米德智烧敌舰的过程，通过多种形式的朗读，感悟、认识到他是一个大智大勇、善于运用科学的人。

（3）展开合理的想象，创造性地复述课文第7、8节。

说明：教学只重在科学常识的揭示，这便成了一堂自然常识课。故如何在课中设计语言训练点，让有效的读阅训练与了解常科知识相结合是本课教学设计的一个立足点。

[教学难点]

理解、体会阿基米德的"智取"。

案例作者

以下是几位参加说课活动教师的体会，从中可以看出他们对说课认识的转变与说课促进自身发展的效应。

教师一：第一次参加说课几乎没有方向，总以为说课就是对教案做说明，于是详细写了教案，又在教案边上加注释便成了说课稿。说课后众人评议时，有的认为说得不错，有的提出说理性思考不够，而教研员则一针见血地说，你是在说教案啊！

后来参加教学竞赛，其中课前的15分钟说课，我做了充分准备：先是详细学习本学科课程标准，随后又阅读了教学刊物上别人发表的说课案例，将已有的教案做彻底改造，成为说教材、说学生、说教法、说教学过程几个板块。这次说课获得了良好的评价。

教师二：某校语文教研组开展"探究式阅读教学"专题研究，经商量后确定了给学生留下时间与空间，以师生、生生对话形式进行探究的总体构思，开展了备课、说课、上课和评课的系列研究。备课重设计、说课重说理，在组内研讨中，确定三种设计方案，然后各人分别开课做出评价。这次历时一年的系列活动顺利完成了"初中语文探究式阅读教学的实践研究"的论文和相关的说案和教案。

24　说课与教师教育理论素养

教师的教学知识不仅具有知识、技能性，而且还具有观念性、理论性。教师面对新课改,不仅课程新、教材新,而且教学策略和教学方法也要全面更新。在新课程教学中,教师如果仅仅从教学方法和技能上,做简单的习得与改造,没有从根本的教学思想、教学观念上做"质"的变革,那么课堂教学就不会产生根本性持续性变化。没有知识的观点是空洞的,而没有观点的知识则是盲目的。"说课"是新课改中诞生的新生事物,它需要正确的教育理念与教育理论作引领,需要用准确的说课知识与本领去践行,才能把说课活动提升到理想状态。

24.1　说课教师的教育观念

教育理念、教学观念决定着教育行为。教师要了解新课程、新教学是什么,应当怎么做,不仅要建立与新课改相呼应的新理念,储备相应的教育理论知识,而且还要在教学实践研究中思考"为什么"和"怎么想",以及"我可以怎么做"等一系列问题。只有这样,新课堂才会有本质的变化。

一、关于现代教学观

教育观念指的是主体对现存教育现象或教育问题的一种理性认识,这种认识要受到认识对象"实然状态"的规定和制约。对教师来说主要是中观和微观的教育观念。教学即教师引起、维持、促进学生学习的所有行为方式,从这个关于教学的基本概念出发,教学观应同教学的价值观、学生观和教学活动观这三方面构成;另外也有专家把其分成教学目的观、教学内容观、教学过程观和教学方法观等。

现代教学观的主要观点可做如下简述:

（一）目的观

掌握必要的基础知识,以发展学生智力、培养能力为主,使学生不受过多压力,学会自己学习。

（二）内容观

注重知识的内在联系,注重采纳现代新的知识和理论,主张知识结构横向联系交叉,求广求新。

（三）教学过程观

以思维教学论发展教学学说为理论指导，重知识的发生过程，通过以学生为主体，教师为主导的研究模式来达到理解概念、灵活应用的目的；把教师的权威建立在尊重学生的探究发现上，建立在学生思维开拓和发展上（图24-1）。

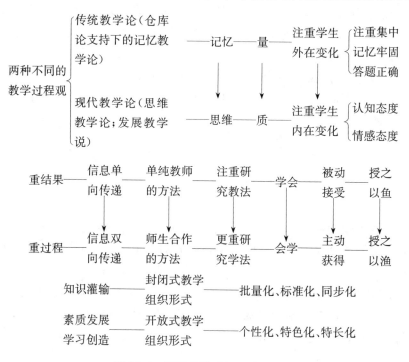

图 24-1　课堂教学过程观对照示意图

教师把落实"双基"作为每堂课的手段，而把培养能力、发展思维作为每节课的教学核心。

（四）方法观

（1）科学的教育方法，其实质在于认识和运用教育规律。

以学生为本，以学生发展为本来设计教法，教法为学法服务，不教之教才是最高之教，教有法，教无定法。

为发展学生知识结构和思维的发展而教，为创造力而教，教法既有科学性，又有艺术性。

（2）现代教育技术要为教法服务，"情"与"爱"是设计与应用先进教法的动力源泉。

二、课堂实施素质教育的基本理念与基本特征

素质教育以提高全民族素质为宗旨,以促进受教育者的基本素质全面和谐发展为根本目的,着力培养受教育者的自主学习和自我发展能力,为其终生发展奠定良好的基础。课堂教学是实施素质教育的主渠道,教师在课堂教学中实施素质教育,在观念更新的同时,还要把握好课堂教学实施素质教育的基本理念,了解它的最基本特征。

所谓教育理念指的是主体对未来教育发展或教育面貌的一种理想期望。这种理念一方面是社会发展对教育不断提出新要求的结果,另一方面又是人们对教学工作本身内在规律不断加深认识的结果。以下是我们可以概括出的素质教育课堂教学基本理念的诸要素:

一是在教学目标上,不仅要传授知识、训练技能,还要培养能力,发展智力,培养学生良好的思想品德和健康的个性,即必须体现认知、情感、技能目标的统一。

二是在教学关系上,必须突出学生的主体地位,即学生是自身发展的主体,其自主性、能动性和创造性应当受到充分的尊重,要给予其充分展现的机会。课堂教学必须让学生充分参与活动,以发挥其主体精神。

三是在教学内容上,除坚持有针对性地加强基础外,必须从知识、能力、品格和方法等方面深入挖掘教材深层的多元教育要素,使学生受到求真、崇善、尚美的全方位教育。必须突出教学内容的思维价值,强化学生的思维训练,发展学生的思维能力。

四是在教学对象上,必须面向全体学生,关注每一个学生的学习过程状态及发展的可能性,因材施教,力求使不同层次的学生都得到提高和发展。不求人人高分,但求人人成功。

五是在教学方法上,必须体现教与学的交融,重视教法与学法的相互转化,重视运用现代教育技术手段,充分调动学生多种感官参与学习活动,实现教学方法最优化,促进学生乐学、会学、生动活泼地学。

六是在教学结构上,必须体现集体教学、小组教学和个别教学等多种教学组织形式的有机组合,必须体现合作学习、竞争学习和个体化学习的兼容并存,构建多边互动的课堂教学结构。

七是在教学评价上,必须突出对学习的积极评价,要强调标准参照评价;目标评价要贯穿于教学过程的始终,以目标评价为杠杆建立课堂教学的监控

机制,提高课堂教学的自我反馈调控能力。

课堂实施素质教育应具备以下几个基本特征:

（一）教学目标的全面性、完整性

所谓教学目标就是教学中师生所预期达到的教学结果和标准。它包括远程目标,即国家规定的教育目的;中程目标,即各类学校培养目标;短程目标,即课程目标、单元目标和课时目标,它是教育和培养目标的具体化。

美国教育家布卢姆和他的学生们认为,教学目标应包括三个方面,即"认知领域""情感领域"和"技能领域"的目标,后来人们又扩充到"个性发展目标"。

教学中既要注意教学目标的全面性,又要因学科、因教材的差异性各有侧重。各种学科、不同课时有不同教学目标侧重点,人们认为在教学目标达成上实现重点突破正是实现素质教育的方法之一。

（二）学生的主体性和教师的主导性

现代教育认为,学生有三个本质属性:其一,学生是具有发展潜能的人;其二,学生是具有发展需要的人;其三,学生是教育的对象。从这个观点出发,教学活动要有学生广泛、深入地参与,教学内容必须内化为学生的知识结构、能力系统和性格特征,所有的教育功能最终要体现在学生身上。课堂教学应该是培养学生主动探索知识、增强主体意识的过程。

发挥学生主体性的另一方面是发挥教师的主导作用。教师对"主导"的指导思想明确,导之有力、有方,学生主体性都会得到充分的体现。教师主导的目的在于让学生主动学习、学会学习,而主导作用的好手段是组织教学和发展学生思维,发展创造性思维。而主导作用的内功在于思维的培养与训练,它包括思维材料、思维方法和思维品质三维空间的构建和营造。

（三）开放学生的思维空间

不少研究人员认为,是否关注学生思维素质教育,是应试教育和素质教育的一条分界线。他们认为应试教育不过是关注构建适应考试需要的被动思维方式,而不是思维素质。

学会思维的第一步是要敢于并能够发现问题,然后在此基础上运用科学的方法去分析、推断并提出自己的见解。这就要求教师要给学生思维空间,给予思维的自由度。教师提出问题是促进学生思维,但不等于教师设计的众多问题都解决了,学生学习的问题也解决了。高明的教师更把精力放在诱导学生发现问题、探究问题、解决问题之上,因为这样更有利于培养学生的思维能力。

此外,教师要营造有益于学生思维素质提高的氛围与环境,对学生既要爱护、保护,也要帮助和培养。教师可以采用课内外结合、教学内容向社会延伸、让社会生活进入课堂等办法,让课堂充满时代气息。

(四)教学民主性

传统教学是以师生间"你教我学""你讲我听"的关系相处的。现代教育要求缩短师生之间的距离,建立和谐的新型师生关系;要充分尊重学生,求得心灵的沟通、情感的交融、气氛的和谐。师生的平等人际关系,对教师来说,首先是要尊重学生人格,其次是承认学生个体之间的差异,优势者不能溺爱,弱势者不可鄙视。有人提出课堂教学"无错误原则",指的是学生学习上的任何错误都是可以理解的,都不能当作一个真正的"错误"来对待。这种错误是发生在学习过程之中,可以通过他人的帮助和自己的努力来改正的,所以教师不要有思维定势,把学生"定格"在某一位置之上。

(五)教会学生学会学习

知识社会强调人将是知识社会的主体,终生学习将成为人的自我完善、自我发展的必然要求。人的一生要持续地学习,就要学会学习,创造性学习。对青少年学生来说,"学会学习"是指学生在教师或他人的指导下,在开放的环境中,充分发挥主体作用,积极培养学习兴趣和学习意志力,自主、自觉地调控学习情绪和学习策略、学习方法和技巧,养成良好的学习习惯,提高学习效率的过程。

课堂教学的根本任务是"教"学生学会学习,开发学生的学习潜能,不仅是掌握知识和技能训练,还要注重智力开发、思维发展,注重能力开发和未来的发展。

三、课堂教学过程的优化

教学过程由五个基本要素构成,即教师、学生、教材、教学方法与手段,一切教学活动都是围绕着这五个要素展开,并形成一定的关系(见图24-2):

教学环境是指教学过程中人际交往的心理环境,它是由融洽、民主的师生关系和团结友爱、积极进取的集体舆论组成的。它是一种激励场,是形成

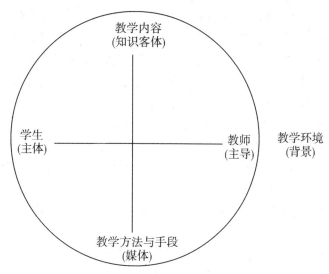

图 24-2　教学过程的五个要素

良好班风、学风的精神支柱。

苏联教育家巴班斯基认为,教学过程最优化实际上是指教师有效地组织教学活动的理论体系和工作体系。教师通过对教学系统的分析和综合,通过对最优化教学方案的选择和安排,争取在现有条件下用最少的时间和精力去获得最大可能的结果,这就是教学过程最优化。

巴班斯基还指出:"最优化不是某种特别的教学方法或方式,而是教师在教学规律和原则基础上,有针对性地安排教育教学过程,自觉地、科学地(而不是自发地、偶然地)选择具体条件下课堂教学和整个教学过程的最好方案。"要实现教学过程的最优化,关键是老师要在备课中优化课堂教学设计,然后通过"说课"活动,转化为更高的理性化认识,再通过上课的实际行动加以验证,最后通过写教后感和同行的评课,逐步走上各自的教学过程最优化之路。

24.2　说课教师的基本教学理论

一、教育学、心理学基本原理和规律

袁振国教授主编的《当代教育学》一书吸收了当代教育思想与当代教育研究成果,该书可以作为教师理论学习的主要参考书。教师课堂教学行为是一个相当复杂的过程,说课的说理和说教学过程,要有一定的教育学理论的武装,以便从教育的本质上架构课堂。《当代教育学》从中国与世界教育的现状、特征与发展入手,论述了当代学习理论、课程理论、教学理论和教学策略。此外该书对当代教育的一些热点问题也做了专题论述,如对教育的功能说,教育与个性发展,教育与经济、文化、科技、社会的可持续发展等。

关于教育的本质与教师职业本质可以归纳如下几个要点:

(1) 教育是一种通过经验和知识的传递来引导和促进人的发展活动。

(2) 教育被看成人类特有的遗传方式和交往方式,是人类自身的再生产和再创造。

(3) 教育的全功能论是指促进人的发展功能,促进人的社会化功能,促进人的个性化功能,促进社会发展功能。

(4) 教育功能的关键,是引导学生主动发展,帮助学生形成发展机制:① 目标与理想的牵引机制;② 能力与方法的自动机制;③ 反馈与总结的调控机制。

(5) 教育的本质是启发思维。教育工作的最终机理在于人脑的思维过程。

(6) 教师职业的本质是创造人的精神生命,要面向学生生命发展的未来。

关于心理学的基础知识方面,对教师的说课和评课活动有直接指导价值的是《学与教心理》与《教育心理学丛书》。《学与教心理》方面目前有两本书,一是邵瑞珍主编,华东师范大学出版社 1988 年版的《学与教心理》,二是皮连生主编,华东师范大学出版社 1997 年版的《学与教的心理学》。由张楚廷主编,警官教育出版社 1998 年版的《教育心理学》《现代认知学习心理学》《学习心理学》等对教师从事教学研究都有较好的指导作用。

二、教学论基础知识

教学论就是研究教学的一种理论,教学活动是教学论研究的出发点和归宿。教为学而存在,学又要靠教来引导。

目前,我国教学论的专著已有多种版本,20 世纪 90 年代初出版的《教学论新编》(吴也显等编,教育科学出版社出版),内容比较翔实,该书共有五大部分,其中"教学过程论""教学构成论""教学实施论""教学艺术论"这四个部分,对教师尤为实用。

教学过程论部分,从系统观、模式观、信息观和社会观四种不同的侧面对教学过程进行分析,旨在揭示教学过程的实质及其特点。

教学构成论部分,分别对构成教学系统的四个基本要素即教师、学生、课程和教学物质条件进行剖析,以说明它们自身的结构和特点以及各自在教学系统中的功能。

教学实施论部分,主要阐明教学目标、教学方法、教学组织、教学评价在教学过程即教学系统运行状态中的功能,以及它们自身发展的变化和特点。

教学艺术论主要探讨在教学过程中教学艺术方面的功能和特点。

三、教学生命价值观与动态生成观

华东师大钟启泉教授在多篇论文中,对教育未来性和生命性做了多角度论述;上海师大谢利民教授于 2001 年在《课堂·教材·教法》杂志中也发表了《课堂教学生命活力的焕发》的论文,这些理论都体现了现代教学以人为本、以发展为本的理念。

钟启泉教授在有关论文中做出如下论述:

"提出基础教育的'生命性',是为了改变现在中小学教育中存在的重学科知识传授和技能训练价值,轻学生个体生命多方面发展价值的弊病。"

"要使每一个教师都强烈地意识到我们的工作直接面对生命,关系到人类最宝贵的财富——生命的成长。在一定的意义上可以说,教育是一项直面生命和提高生命价值的事业。"

谢利民教授认为:"对教师和学生而言,课堂教学首先是他们生命活力和生命价值的体现。课堂教学的知识传播过程的实质是知识生成与生长过程,在这个过程中,教师的重要责任之一就是激活知识和播种知识,学生是在自己主动积极的思维和探索活动中生成和生长知识。在上述理念之下,今天的课堂教学应建立'共同参与,互助合作'的师生关系,为此,教师和每个学生都要发挥自身的主体作用。"

对教师而言,课堂教学是他们职业生活的最基本的构成。教师每堂课的质量,都会直接影响他们对职业的感受和态度,每一堂课的教学水平,都是教师专业水平和生命价值的直接体现。

"课堂教学应该关注在生长、成长中的人的整体生命。对智慧没有挑战性的课堂教学是不具有生成性的,没有生命气息的课堂教学也不具有生成性。从生命的高度来看,每一节课都是不可重复的激情与智慧综合生成过程。"①

---

① 引自《基础教育课程改革纲要(试行)解读》P78

四、系统论、控制论和信息论

系统是指由若干相互依存、相互制约的要素（或成分）为达到一定的目的而组成的有机整体。而教学系统是由师生共同活动组成的旨在提高教学质量（实现教学目标）的管理系统。

运用系统论的观点和方法探讨教学活动的理论旨在通过对教学活动的结构和过程的系统考察和分析，从理论上和技术上提供实现最优化教学的系统方案。教学控制论是运用控制论基本原理和方法分析教学，以达到对教学过程最佳控制的理论，这是由 20 世纪 60 年代初由苏联教育心理学家兰达提出。他认为对教学系统建立有效的控制需具备四个基本条件：① 精确限定的目标；② 有效而详细说明的控制程序；③ 良好的反馈；④ 根据目标与受控对象状态的关系做出决策，以对受控系统加以调节。

系统科学在教学中的运用，主要是掌握系统方法的实质，这就是整体性、综合性和最优化。整体性就是把对象始终放在完整的、系统的形式中加以考察；综合性就是要着重从整体与部分、整体与环境以及部分与部分的相互联系中去考察对象；最优化就是在完整地、综合考察分析的基础上，得出解决问题的最优方案。

从教学系统构成的要素上看，主要有四大要素，即教师、学生、课程（信息要素）、条件（物质要素）。而四大要素优选优用，优化要素的结构。

"教学过程最优化"实际上是指导教师有效组织教学活动的理论体系和工作体系。教师通过对教学系统的分析和综合，通过对最优教学方案的选择和安排，争取在现有条件下用最少的时间和精力获得最大可能的结果，这就是最优化。

联合国教科文组织曾出版一本题为《教学过程的系统方法》的指导书，书中列了一些问题指导人们思考教学的最优化：

（1）现存教学中有哪些导致不满意的东西？

（2）系统的目标是否恰当？

（3）结果与目标是否一致？

（4）是不是所有的资源都得到了利用？

（5）利用的所有资源都是必不可少的吗？

（6）关键的问题是什么？

（7）可以在什么样的系统水平上加以干预？

（8）成功地进行干预的标准是什么？

（9）进行干预需要哪些资源？

（10）系统的哪些成分受到干预的影响？

（11）在变动的环境面前怎样才能保证有效性的获得？

（12）实现预定目标的成功步骤是什么？

教学信息论是运用信息论、系统论以及控制论等学科的基本原理和方法，研究教学过程中教学信息的传输、变换、反馈规律的理论。这种理论认为教学作为一种通信系统，其特征是师生在信息传输、变换和反馈上的双向性。师生双方都有一个对教学信息输入、储存、变换、输出、反馈和调整控制的过程，从中不仅可揭示各教学要素之间的相互关系，且可揭示其动态变化。

从信息观点看教学过程，可以得到如下的认识：教学过程是有序的、开放的信息系统，教学过程是"人—人"构成的耦合系统，教学过程是一个目的可控过程。在教学过程中，控制作用是通过反馈信息的环节而实现的。教师正是通过信息的反馈来及时掌握现状与目的差距，解决教学中的难点和关键，进而改进教学方法，促进教学信息过程的指向性更加明确。

教学信息的内容包括以教材为主要信息源的知识信息，以师生主体为信息源的教学状态信息，以及来自教学过程中的自然环境信息。教师对教学信息的编码变换和学生对教学信息的译码变换都会影响教学过程和教学效果。

应 用 篇

25 说课示例

《常见的天气系统》说课

25.1 说教材

一、说教材的地位和作用

本单元教材紧紧围绕大气环境与人类生存和发展关系这一主线,其中前四课主要介绍大气的组成、垂直分布、运动等方面的基础知识和基本理论。本课是在前四课的基础上,从生活实际需要出发,论述影响我国天气变化的几种常见的天气系统。通过本课的学习,学生能学会识读电视天气预报节目中常出现的简易天气图,听懂播放的天气形势预报。本课的学习还为后面第五单元气象灾害台风、寒潮等的学习提供理论基础。

二、说教学目标的确定

根据课程标准的要求和学生已有的知识基础及认知能力,确定以下教学目标。

1. 知识目标

(1) 记住影响我国天气的主要天气系统:锋面系统、低压系统和高压系统。

（2）理解锋面系统的分类,掌握它们对天气的影响。

（3）理解低压系统和高压系统的区别,记住它们对天气的影响。

2. 能力目标

（1）通过阅读冷锋、暖锋、低压、高压等各类图,提高学生的阅读识图能力。

（2）通过阅读天气形势图,使学生学会综合分析问题的能力。

3. 德育目标

通过阅读各类图形,培养学生理论联系实际的能力。

三、说教材重点、难点的确定

1. 教学重点

（1）对我国天气有重要影响的锋面天气。

（2）高压系统、低压系统的天气特征。

2. 教学难点

（1）冷锋、暖锋与天气的关系。

（2）南北半球气旋与反气旋的气流状况与差异。

3. 教学重点、难点确定的依据

确定锋面天气为本课重点之一是因为锋面系统是影响我国的主要天气系统。我国的降水和一些灾害性天气大都与锋面有联系。例如,我国北方夏季的暴雨,我国冬季的寒潮以及北方冬季、春季的沙尘暴天气都是冷锋造成的天气现象。另外,掌握了冷、暖锋的形成以及与天气的关系可以学以致用,解释发生在我们日常生活中一些常见的天气现象。例如"一场春雨一场暖""一场秋雨一场寒"。高压、低压系统的天气特征也是本课的重点。因为夏秋季节,我国东南沿海常出现的台风天气就是热带气旋强烈发展的表现,我国长江流域的伏旱天气以及北方秋季"秋高气爽"的好天气都是在高压系统的控制下形成的。

把冷锋、暖锋与天气的关系确定为难点之一,原因有四:一是锋面对天气的影响比较抽象,二是要抓住冷、暖气团哪个为主动,三是锋面两侧的温度、湿度、气压、风等有明显差异,四是要懂得什么是过境前、过境时、过境后,它们分别被什么天气系统控制。本课难点之二是南北半球气旋与反气旋的气流状况与差异,确定这一难点的原因主要是难于长久性地记忆,容易将南北半球气旋与反气旋的水平气流旋转方向记错。

25.2 说教学方法

如何把握重点，突破难点，实现本课的教学目标呢？这就要选择适宜的教学方法和教学手段。

一、教学方法

本课主要采取读图分析法和对比法。本课的许多知识点容易混淆。例如，冷锋与暖锋的概念和形成的天气，气旋与反气旋的气流运动方向等。通过比较，可以让学生比较深刻地认识不同事物之间的异与同，区别与联系，可以深刻地把握各种事物的本质特征。本课几种常见的天气系统的形成过程及其对天气的影响比较抽象，而课本有许多的插图，所以可通过教师一系列的设问，来指导学生分析图表中的地理信息，变抽象为直观，更好地展示知识的内在联系和事物的空间分布、运动状态，以便于学生更好地理解和掌握所学知识。

二、教学手段

在教学手段上，充分发挥多媒体课件的作用，把多媒体信息如文字、图像、声音等有机集成并显示在屏幕上，给学生以全新的视听感觉。

25.3 说学法指导

(1) 让学生重视图文转化，进一步培养学生阅读地图的能力。

本课文字简洁，图像丰富，色彩鲜艳，主题突出。学生在学习过程中应紧密联系教材中的插图，将抽象、深奥的天气系统知识转化为直观的图像，弥补其感性认识的不足，并巩固理性知识。

(2) 借助手势，帮助强化记忆。

(3) 南、北半球气旋与反气旋水平气流运动方向的判别，是本课的难点之一，可指导学生借助手势，帮助强化记忆。

25.4 说教学程序

一、导入新课

先播放两段"城市天气预报"和"天气形势预报"的录像。看完后,告诉学生要能够看懂和听懂这些天气预报图,首先要了解影响我国的主要天气系统及其与天气有关的基础知识。这样导入新课,能吸引学生的注意力,激起他们的求知欲。

二、讲授新课

（一）锋面系统

1. 锋面结构与特点
（利用多媒体播放锋面动画,通过教师一系列的提问,引导学生了解锋面的概念、结构特点、天气特点）

（1）概念:冷暖气团的交界面。

（2）结构特点:暖气团在锋面上面,冷气团在锋面下面。

问:① 为什么暖气团总在锋面的上面? ② 一上一下两种不同性质的气团会稳定存在吗? ③ 天气特点:锋面附近常伴有云、雨、大风等天气。

（过渡:根据冷暖气团谁主动移动,可将锋面一般分为两种类型）

2. 锋面类型与天气
（利用多媒体播放冷锋、暖锋与天气的动画,通过以下问题帮助学生学习冷、暖锋与天气的关系）

（问题:① 冷、暖气团谁主动向对方移动? 暖气团上升情况如何? ② 何为锋面过境时、过境前、过境后? 提示学生根据锋面移动的方向来确定。③ 冷、暖锋面过境前、过境后分别在什么气团控制下,大气如何? ④ 冷、暖锋过境时天气如何? ⑤ 冷、暖锋降水都发生在锋面的哪一侧? 它们又有何不同?）

教师讲解:我国降水和一些灾害性天气大都与锋面有联系。影响我国天气的锋面主要是冷锋,例如,我国北方夏季的暴雨,我国冬季的寒潮,我国北方冬季、春季的大风和沙尘暴天气都是冷锋造成的天气现象。

（二）低压（气旋）系统和高压（反气旋）系统

在学习该天气系统之前，先向学生简单介绍几种基本的气压类型。利用"海平面等压线分布"图，介绍五种基本的气压类型：高气压、低气压、高压脊、低压槽和鞍形气压场。

强调：低压或气旋，高压或反气旋，分别是对同一个天气系统的不同描述。低压、高压是对天气系统气压状况的描述，气旋、反气旋是对天气系统气流状况的描述。

利用多媒体播放"北半球低压系统的形成及其天气"动画，在学习了"大气的运动"的基础上，引导学生分析该天气系统水平方向和垂直方向上的气流特征，以及天气特点。然后让学生用对比的方法分析"北半球高压系统的形成及其天气"。

过渡：我们学习了锋面系统、气旋系统、反气旋系统，那么，锋面与气旋能否同时出现？为什么？播放"锋面气旋"图，让学生从图中了解锋面与气旋能同时出现，这种组合叫锋面气旋。

（三）锋面气旋

（1）概念：地面气旋一般与锋面联系在一起，叫锋面气旋。

教师讲解：因为气旋是气流辐合上升系统，两股性质不同的气流可能相遇形成锋面，而反气旋的水平气流由中心向四周辐散，冷、暖气流不能相遇形成锋面。

（2）天气：云、雨，甚至是暴雨、雷雨、大风天气。

锋面气旋的不同部位天气状况如何，由于时间的关系，布置学生课后思考。

三、巩固练习

本节课的学习是要让学生能够听懂和看懂一些简易的天气形势图，因此最后通过活动课"试做天气预报员"来检测学生对本节课的掌握情况。

四、布置作业

（1）锋面气旋不同部位天气状况是否相同，气旋前方、后方、中部的天气各如何？

（2）地理填充图册（略）。

五、板书设计

常见的天气系统

（一）锋面系统

1. 锋面结构与特点

（1）概念：冷、暖气团的交界面。

（2）结构特点：暖气团在锋面之上，冷气团在锋面之下。

（3）天气特点：锋面附近常伴有云、雨、大风等天气。

2. 锋面类型与天气

分类	概念	暖气团上升情况	过境前	过境时	过境后	天气实例
冷锋	冷气团主动向暖气团移动	被迫抬升	温暖晴朗	刮风、下雨、阴天、降温	气温下降，气压上升，天气转晴	我国北方夏季的暴雨，我国冬季的寒潮，我国北方冬季、春季的大风和沙尘暴天气
暖锋	暖气团主动向冷气团移动	主动徐徐爬升	低温晴朗	连续性降水	气温上升，气压下降，天气转晴	

（二）低压（气旋）和高压（反气旋）系统

（1）五种基本的气压类型。

（2）气旋与反气旋的差异。

天气系统	气压分布状况	水平气流状况		垂直中心气流状况	天气状况	天气实例
低压（气旋）系统	中心气压低于四周	逆时针方向辐合	顺时针方向辐合	辐合上升	云量增多阴雨天气	夏秋季节，我国东南沿海常出现的台风天气
高压（反气旋）系统	中心气压高于四周	顺时针方向辐散	逆时针方向辐散	辐散上沉	天气转晴	我国长江流域的伏旱天气，我国北方"秋高气爽"的好天气

（三）锋面气旋

（1）概念：地面气旋一般与锋面联系在一起，叫锋面气旋。
（2）天气：云、雨，甚至是暴雨、雷雨、大风天气。

26　教师招考面试与教学能力测试

教师招考一般包括笔试与面试两个环节。笔试一般包括综合知识，教育理论、教育法规、新课程与教师素养，学科专业知识以及学科教学法等基本内容，作为招聘专业教师的笔试，其理论部分的考核应立足于一名教师所应具有的知识素养，关注教育理论的实践性、关注学科知识的基础性。面试环节一般采用无生上课或说课以及答辩的形式，目的在于对招考教师的教育教学能力进行考核，以及在规定时间的面试交往中对招聘人员的教学交往能力以及品德和心理素质等有一个初步的直观的感知。"说课"部分已在前文重点讲述过，下面重点介绍"无生上课"和"答辩"。

26.1　无生上课

一、无生上课概述

（一）无生上课的缘起

大多数应聘者有过这样的经历，在师范院校毕业前，大都要到中小学去进行教育教学见习、实习。实习阶段，在上课之前必须撰写教案，经实习指导老师同意后，还要在实习小组内进行"试讲"，听课者是同组的同学和实习指导教师。"试讲"之后，同学们要提出自己的意见和建议，指导教师要进行全面的指导和细致的指点。之后，进行教案的再修改，甚至再进行"试讲"，直至指导教师准许正式上课为止。"无生上课"的产生，大概与此有关（把向同学提问、同学互助、充当学生的那部分内容变成自问自答，就是无生上课）。

在微格教学课堂中，十几名师范生或进修教师，轮流扮演教师角色、学生角色和评价员角色，并由一名指导教师负责组织指导，一名摄像操作人员负责记录(可由学员担任)。一次教师角色扮演约为 5～15 分钟,并用摄像机记录下来,评价员填写评价单。角色扮演之后进行反馈和评价,修改教案后重新进行角色扮演。"无生上课"与微格教学的角色扮演环节相似。

(二) 无生上课的含义与类型

无生上课是指教师在备课的基础上,面对领导、同行或评委,在无学生的状态下模拟师生双边的具体教学过程,主要是用来评比、研究与提高教师教学能力与水平,是教师教学研究和教学研讨及评比等活动的一种形式。通俗地说,就是在没有学生的情况下,老师设计好语言(包括口头语言与体态语),然后模仿实际的课堂教学进行上课,老师好比在表演独角戏。

由于使用的目的不同,无生上课一般分为教学研究型与选拔评比型两种。教学研究型无生上课,指通过上课研修教学实践,引导教师进行课堂教学设计,培训教师的课堂教学技能和反思、诊断技能等,目的在于培养教师、促进教师成长;选拔评比型无生上课,是教育主管部门、教研部门和学校在选招新教师或评比教学能手等时,为了全面考核参加者的教学能力而采用的一种方式,常与课堂教学设计(写教案)和教学答辩结合进行。教师编制考试中的无生上课属于后一种类型。

(三) 无生上课的基本特点

1. 教学的场所、对象不同

真实的课堂上课,教师面对的是学生。无生上课可以在办公室或其他场所,面对的是同行或专家。

2. 观察、研究的对象不同

真实的课堂上,我们观察、研究的对象是教与学的双边活动,且以学为主。无生上课的观察、研究对象主要是教师的教,对学的状态只能做出猜测。

3. 目标不同

常态教研活动的目标主要在于了解教师的教学能力和学生的学习情况,为教师和学生提供改进的建议和意见,也为管理者评价教师、制订校本教研计划等提供依据。无生上课活动的目标则主要在于帮助教师改进教学方案、培训教学技能等。前者侧重学校的发展,后者侧重教师个体的发展。

4. 规模小、时间短、参与性强

教师在学科组内参加活动,学校学科组(大型学校的年级学科组)一般不超过 10 人,每人上课、被评的时间控制在 15 分钟左右,听课者由其他参加者

(同组教师和专业人员)组成。在活动的过程中,每一位教师不仅登台上课,展示自己对某堂课的准备情况,同时又可向同事、专业人员学习,并参与对教学效果的自评与他评,不断反思、修改自己的课前备课,总结经验,提升能力。由于没有学生的真实参与,上课时间相对缩短,常规一节 40~45 分钟的课一般在无生上课中只需 20~25 分钟。

5. 反馈及时、客观,针对性强

由于在较短的时间内集中开展无生上课活动,参加者能及时听到他人对自己教学行为的评价,获得反馈信息。较之常态的听课、评课活动,"现炒现卖",具有即时性。由于是课前的组内预演,人人参与,互相学习,互相帮助,共同提高,一定程度上减轻了教师的心理压力,不会担心教学的失败,较之常态的评课就会更加客观。参评人员不仅包括上课者自己和其他同组教师,有时还有专业人员加入,进行指导、引领,使得信息反馈多元化、教学评议民主化,针对性更强。

(四) 无生上课的原则

1. 实践性原则

即围绕课堂教学内容和课堂教学方法等,开展无生上课活动。对课的评价关注实践操作层面,不以对教学实践的诠释和相关理论的解读为取向。

2. 技能指向原则

即以培训和提升教师的课堂教学技能为主要目标。包括课堂教学的基本技能、综合技能和准备技能,以及教学研究技能。

3. 合作性原则

即做到上课与评课相结合,加强上课者和评课者之间及专业人员的合作、探讨。

4. 反思性原则

即上课者要根据评课者提出的正确的意见和针对性建议,反思自己的教学行为,修正自己的教学方案等。

二、无生上课的实施

(一) 无生上课的教学设计

首先,无生上课是在备课基础上,对教学过程的一种模拟。因此应像正常上课一样精心备课,精心设计教学的各个环节,体现《基础教育课程改革纲要》的精神,不要把课准备成讲授课、灌输课,要真正把自主、探究、合作落实到试课稿中。教学设计既包括对教学主要环节的设计,也包括对各个环节的过渡与衔接的设计,以及教师具体导语的设计、操练教学的基本技能等,如教师的板书、口语、表情以及教态等,关注每一细节的设计与教师行为。其次,在无生上课中,无须制作教具,教者可以根据设想充分地使用教具。现在用得比较多的有课件、图片、投影仪、录音等,还可以创设具体的场景等。

(二)无生上课的教学过程

无生上课是指教师面对专家或评委,独立模拟表演师生双边活动,具有虚拟性与表演性。教师应根据教育教学经验对学生的行为进行预测,并以适当的方式呈现、表演、虚拟学生的行为,如采用自问自答等方式,模拟营造出一种教学氛围。在教学设计(即备课)中就应充分考虑教师的这一行为,关注对学生情况的分析,即关注备课中的"备学生",应预设学活动、师生共同活动时的班级气氛,并设计以适当的方式呈现与表演这一状态。

三、无生上课注意事项

(1)把握好时间:一般准备时间为 1 小时,无生上课时间为 15~25 分钟。

(2)按照一堂好课的基本标准进行试课,重在展示基本功。设计好开头,讲清教学结构分析思路。没有反馈,要事先假设反馈。在讲到重点与难点时要突出,假设学生反馈了什么样的问题与错误,然后讲解并纠正。不要在过程中卡壳,注意教学细节。

(3)上课者要充满自信,语言亲切、自然、紧凑、连贯、精练、准确。注意发挥特长,体现特色。

(4)切忌重复过程、面面俱到、重点不突出、思路不清晰。

(5)选拔评比型无生上课参加者的注意事项。现在在选招教师、选拔教师参加教学大赛中也使用无生上课。选手要注意展示自己优秀的一面,如板书、口才、组织才能、教学环节的设计等,赢得评委对选手的注意。虽然下面没有学生,选手也仍然应该当作下面有学生来认真讲课。选手要精心设计导语,这样才能引起评委的兴趣。

此外,由于面对的专家与评委都是成人,在模拟、表演上课的过程中,应适当关注成人受体与儿童的差别。同时,在口头语言和体态语方面应对专家有必要的尊重,如简单地致一两句谢词,或鞠躬致谢等。

建议应聘者反复观看教学录像,体会优秀教师的教学过程;多次模拟无生上课,达到精确、生动,以取得此处无"生"胜有"生"的效果。

附:无生上课技能的测评表

表 26－1　无生上课课堂教学评价表

上课教师:　　　　任教年级:　　　　科目:　　　　　课题:

评价指标权重		标准达成度			
		I	II	III	得分
教学思想 (10分)	1. 以育人为本,坚持以学生发展为本,以培养创新人才为宗旨。 2. 以德育为核心,抓住学习内容的德育成分,坚持寓德于教。 3. 面向全体,使各类学生都能在原有基础上有发展。 4. 因材施教,依据学生的不同才能、特长和兴趣进行教学。	10	8	9	
教学目标 (10分)	5. 教学目标根据知识与能力、过程与方法、情感态度与价值观三个维度设计。 6. 教学目标具体明确,体现学科的实践性和综合性。 7. 体现新课改精神,符合新课标理念,面向全体学生。	10	8	6	
教学内容 (20分)	8. 能准确把握本节课的知识内容,无科学性错误。 9. 对教材进行加工、整理,做到抓住重点,揭示本质,详略得当,不生搬硬套教材。 10. 对所涉及的教材内容运用自如,不照本宣科。	20	16	12	
教学实施 (30分)	11. 构建民主平等的师生关系,营造融洽的学习氛围。 12. 用自主、合作、探究的学习方式,激发学生学习兴趣,启发学生积极思维,引导学生主动学习、探索、实践、创新。 13. 根据教学内容的特点,教学环节运用自如,恰到好处。 14. 尊重学生在学习过程中的独特体验,重视情感态度价值观的正确导向。 15. 教师参与、适当指导,内容讲授和学法指导易被学生接受。 16. 合理运用现代教育技术,与学科整合度高。 17. 课堂教学真实、活泼、扎实、高效。	30	24	18	
教学效果 (20分)	18. 设计师生的双边活动,使教学目标在学生身上得以实现。 19. 培养学生良好的学习习惯,能指导学生如何学习。 20. 学生的思维得到发展,探究性学习能力得到提高。	20	16	12	

(续表)

评价指标权重		标准达成度			
		I	II	III	得分
教师素养 (10分)	21. 仪表端庄大方,教态亲切自然。 22. 语音标准,语言生动、准确,逻辑严密。 23. 书写规范,板书科学、美观。 24. 能够熟练科学地运用教学体态语辅助教学。 25. 具备良好的课堂组织能力,善于应变,灵活把握课堂教学流向。	10	8	6	
简评:		总分			

评价等级说明:90～100 分为优秀,80～90 分为良好(不含 90 分),65～80 分为中等(不含 80 分),65 分以下为差(不含 65 分)。

26.2　答 辩

一、答辩的概念

答辩是测评对象面对答辩组成员当场回答问题及进行辩论的测评方法。这种方法不但能测评教师教学技能的理论水平与实践能力,而且可以测评其多方面的教学能力和教学思想,是一种既方便又有效的测评方法,在人才选拔和考评时被广泛运用。

答辩由数名教育教学专家、教育管理人员、一线优秀的学科教学人员组成,一般事先准备好题目,由答辩主席提问。答辩环节主要涉及以下几方面内容:其一,结合无生上课和说课进行提问与答辩,关注参考人员的教学理论素养;其二,针对教育教学实践中的问题,考核参考人员的教育与管理能力以及教育教学应变能力。在整个实践能力的考核过程中,通过一定的交往活动,考察参考人员的教学交往能力;通过一些细节,观察、初步感知参考人员的德行和心理素质。

二、答辩的操作步骤

答辩测评方法的操作步骤可分为五步,即拟定答辩题、组织答辩、评分、分数处理和做出结论。

（一）拟定答辩题

进行答辩首先要拟定答辩题目。答辩的题目少（每个对象回答一至三个问题，并围绕这些问题进行辩论），时间短（每人只有 15 分钟时间），要在短时间内判断测评对象的水平，拟定答辩题就成为保证答辩质量的关键环节之一。

拟定答辩题应当做到以下几点：第一，答辩题要符合测评的任务和目标。应当使答辩者在回答问题和辩论的过程中显示出对所测评教学技能的掌握状况，使测评人员能准确判断其技能的水平。第二，答辩题的种类要与测评的主要项目相适应，如果要测评两个项目，答辩题就应分为两类，每一类题目测评一个项目。第三，答辩题要在难度和内容上给答辩对象以平等竞争的机会。同一类题目在难度上应当相近，在内容上应当同质，在形式上要彼此一致，在表述方式上应当相同。第四，题目的表述应当简明扼要，清楚明白，不能有歧义，要防止可能发生的误解。

答辩题的类型有以下几种：第一，问答式：题目是一个问题，要求答辩者以回答问题的形式表述自己的见解。例如："进行演示应当注意什么问题？"第二，案例式：题目是一个简单的案例，要求答辩者对案例进行评论或提供对策。例如："张老师由于对'追星'现象批判过激，导致学生群起反击。你认为张老师应当如何摆脱这种困境？"第三，阐释式：题目是一种观点或一个概念，要求答辩者进行阐释或批判。例如："'讲话的停顿也是一种传递教学信息的方式'，你对这种观点的看法如何？"第四，自由表达式：让答辩者在规定的时间内表达一种认识或观点，测评人员随之进行诘难或质询，主要是为了从中判断其口才、知识面、思想深度和应变能力。例如："请你选择一个题目，做 3 分钟的讲演。"

附：答辩环节的常见答辩题

1. **教学**

（1）新课程标准的价值取向是什么？

（2）你最尊敬的教育家是谁，为什么？

（3）你最赞赏的教学方法是什么？

（4）学生为什么会偏科？

（5）做好一名教师必须敬业、爱生、专业知识扎实，除了这些，你认为教学最重要的特质是什么？

（6）你赞同"教学有法、但无定法、贵在得法"这种提法吗？为什么？

（7）学生记忆有什么特点，学科教学如何提高学生的识记能力？

（8）你认为一种科学的备课方法是什么？平时你是怎样备课的？

（9）你同意"没有不合格的学生，只有不合格的教师"这句话吗？

（10）你怎样认识集体备课制，它有优势吗？

（11）教学是一门技术还是一门艺术，你倾向哪一种看法，若两者都不同意，请谈谈你的看法。

（12）一堂好课的标准是什么？

（13）现在常常提的"以学生为本"或"以学生为主体"，你怎样理解？

2. 班主任工作

（1）如何组织与培养班集体？

（2）激励与批评都是一种教育手段，你倾向用哪一种？

（3）主题班会有哪些类型，你怎样组织班会？

（4）请你描述青春期男女学生的心理特点。

（5）如何与不同类型的家长沟通，什么样的家校合作方式比较好？

（6）请讲述一幕最让你感动的师生情景。

（7）如何发现"差生"身上的闪光点？

（8）学生心目中的好班主任形象有哪些？

（9）何谓"班级文化"，怎样营造？

（10）苏亮的考试成绩不理想，他伤心地哭了，作为教师的你会怎么办？

（11）"在集体中进行教育"是谁的教育思想，怎样贯彻？

（12）"学生自己管理自己"的观点你赞同吗？

（13）什么是"班级文化"，你是班主任的话，你怎样进行班级文化建设？

（14）许多学校为什么强调学生穿校服，除了整齐外，还有别的意义吗？

（15）你最欣赏的班主任是哪一种类型？

3. 教师综合素质

（1）就某一教育教学方法，做 3 分钟的演讲。

（2）你有什么特长？能给我们展示一下吗？

（3）将要走上讲台的你，自我感觉对于教师这一职业，你最大的优势与最大的不足分别是什么？

（4）一位老师布置了这样一道作文题，让学生谈谈自己的心里话。一个孩子的父母离异，这在他童年的心里留下了一道阴影和许多的痛苦。这个学生写的文章很打动人，文笔也不错。老师没征求学生的意见，就在班上读了这篇"范文"。几天后，这位同学却在日记中表达了对老师这种做法的不满。如果你是那位老师,应该如何去分析和处理这件事?

(5) 如何做一名好教师?

(6) 如何和学生建立良好的师生关系?请举例说明。

(7) 你平常看的教育教学类的书籍和杂志有哪些?

(8) 谈谈自己对教师职业的看法。

(9) 怎样与学生进行良好的沟通?

(二) 组织答辩

答辩的组织要做到恰当安排抽题,准备好现场答辩,保证答辩平等和有秩序地进行。

1. 抽签和准备

抽签在答辩现场进行。测评对象先在预备室集合,当所有测评对象到齐后,说明答辩的过程和要求,用抽签的办法确定答辩次序。然后第一位答辩者进入现场抽签。抽签后在准备席就座,可准备 15 分钟,但不可翻阅资料或与其他人交谈。开始答辩时先向评判员展示答辩题,并把答辩题还给抽签人员。在第一位答辩者开始答辩之后,第二位答辩者进入现场抽签并进入准备席。第一位答辩完之后,第二位立即进行答辩,并开始第三位抽签。依此类推。

2. 答辩

答辩开始由答辩者进行陈述并开始计时。陈述就是按照所抽题目依次进行答,时间一般为 5~8 分钟,在最后 1 分钟给予提示。陈述后由评判人员进行质询和诘难,质询时间一般为 7~10 分钟。整个答辩时间控制在 15 分钟之内。质询和诘难的形式有追问、补充提问、提出相反的案例请其解释、提出相反的论点与之辩论等。在答辩的过程中,评判人员要就答辩者的知识基础、口语表达、应变能力、逻辑思路以及体态仪表等对照评判标准进行酝酿,准备打分。答辩应按时结束。

3. 打分

评判人员当场按测评的项目和标准进行打分,并交统计人员处理。打分后,第二位开始答辩,第三位开始抽签。与上述过程相适应,还应有抽签、统计、计时、服务等辅助组织或人员协助工作。

(三) 评分

对答辩的评分有两种方式:一种方式是每位评判员经过分析评判,给出一个总体印象分。这种方式操作简便,统计时只需计算算术平均分,算术平均分即可作为每个答辩者的最后得分。其具体操作可以计算全体评判人员打分的平均分，也可去掉一个最低分和去掉一个最高分后计算评分。但是，这种按一个总体印象分计算的结果比较模糊，无法显示答辩者智力和技能活动的内部结构与精确水平，只适合对打分精度要求不太高的答辩。另一种方式是按评判表的项目和标准分项打分。这种办法结果精确，便于了解测评对象的智力活动和技能活动的内部结构，但操作比较复杂。一个折中的方式是把总体印象分纳入评价表之中，作为评价表的一个项目进行打分，并赋予较大的权重，从而把那些无法纳入评价表的因素也纳入评价体系之中，使评价更加全面。

（四）分数处理

分数处理由统计人员用手工或计算机处理。

（五）做出结论

分数处理是由统计人员进行的，按规定他们没有做结论的权利，结论应由评判人员来做，或者由评判人员认可之后才能成为权威的正式结论。

结论一般有两种形式：一种是排序优选的结论，即按每个答辩者得分的多少进行排序，按事先规定的名额决定一、二、三等或优选入围的对象。另一种是划定合格的结论，即按统计数据的分布情况，根据方案中规定的划定及格线的原则，参照其他因素划定一个合格的分数线，并根据分数线确定合格的名单。分数线划分原则一定要在测评方案中事先规定，以免临时确定引起争议。

三、答辩测评的基本要求

为了保证答辩测评的公正性、可靠性和有效性，答辩的组织和评判应当遵循如下要求：

（一）打分要客观公正

只有客观公正的打分，才能真正反映测评对象的真实情况，才能使测评发挥良好的导向作用和鉴别作用。为了使测评客观公正，应当做到以下几点：

（1）测评人员必须有公正无私的态度，对任何测评对象都不能有任何倾向性的看法，不能把自己的评判结果与个人利益联系起来。

（2）做好必要的保密工作，如命题人员的保密、测评人员的保密、答辩题的保密等，不能使任何测评对象因事先得到某种信息而在竞争中处于有利地位。

（3）保证使每个测评对象在测评中受到同等待遇。诸如抽题的几率、准备的时间和条件、答辩的时间等，都应当尽量相等或相近。

（二）测评要全面

由于答辩能够考核测评对象多方面的情况，因此应当在考核多方面的情况下经过全面思考做出测评的结论，防止在测评中出现以偏概全的现象。为此必须做到：

（1）答辩题的自由度应当大一些，不要把答案限制过死，要给答辩者自由发挥的余地。

（2）答辩时间不能过短。时间过短不能充分表现测评对象的水平。一般来说，应当不少于 10 分钟。

（3）测评的指标应当覆盖更多的方面。答辩的评分指标不能仅限于答案的内容，应当从多方面考察答辩对象的水平。既要有知识方面的指标，也要有能力和技能方面的指标；既要有口才方面的指标，也要有思维方面的指标；既要考核常规答辩的情况，也要考核随机应变的情况。为了使侧评指标包含更多的方面，可在各单项指标之外再加一项"其他方面"，以涵盖那些评判指标无法包含的内容。

（三）创设良好的答辩环境

答辩环境直接影响着测评对象的心理状态，影响着其水平是否能正常发挥。所以，为了使测评对象充分表现出自己的水平，必须注意创设良好的答辩环境。

（1）环境布置要淡雅宁静，使答辩者与评判人员处于平等的地位。例如，房间不要过大，光线不要太强，座位不要有上下之分，气氛不要过于严肃等。

（2）服务人员和辅助人员要热情对待答辩者，既要按规定办事，又要解决其实际困难，有矛盾应进行耐心的解释。

（3）测评人员的态度要友善，要尊重答辩者的人格，要用协商的口气与答辩者进行交流和辩论。在答辩者怯场或遇到困难时要及时给予鼓励。

四、答辩人员的基本要求

（一）准备环节

首先，在知识上做好充分的准备，把要讲内容的相关背景等知识了解到位，并把课的内容和这些背景结合起来，主要是注意如何让背景知识在吸引人的同时把人引导到课本的内容上来。其次,要做好面试前的仪表准备。着装要得体,可化淡妆,而不易浓妆艳抹。刘海不要遮住眼睛,更不宜烫发、染发;服饰要符合职业特点,教术科的穿正装,教体育的要穿运动服;教授小学和教授高中,妆容和服饰绝对不一样。总之,女教师给人的感觉要既典雅,又平易近人,男教师给人的感觉要挺拔而充满阳刚之气。

（二）进入试讲地点

应注意运用体态语与口头语进行交流,同时关注行为细节,表现出良好的礼仪与行为德行修养。如果没有人领进试讲地点,那么进去要先敲门。等专家说"请进"时,再轻轻推门进入。注意,从门口到讲台这一段路也是专家在观察你的时候。所以走路姿势一定要挺拔,给人精神抖擞的第一印象。有些答辩者进门时,臂弯里夹着课本,弯腰驼背,没有一点老师的风度,给专家的第一印象就十分不好。进门先打招呼,例如,"各位专家好"等。

（三）自我介绍

即使答辩流程里没有这一项,自己也可以主动争取。这样可以让专家对你的优点和性格有一个初步的了解。自我介绍应简短,突出自我,张扬个性,自然流露出对教师以及自己所教授科目的热爱之情。

（四）试讲与答辩

试讲与答辩内容上的要求,在此不再阐述,主要介绍对教师语言和仪表的要求。

1. 语言

掌握面试答辩的语言艺术,对于答辩有着十分重要的作用。语言表述准确专业是首要的要求。根据答辩内容的需要,适当地选用一些长句,与短句交错使用,可以收到好的答辩效果。谈话时若无特殊情况不可随便打断别人的讲话。即使是有某种原因,也要以适当的方式。在面试时,不可有太多的手势语或口头禅,让人看了或听了不舒服。普通话应力求标准,不可讲错字或念错字音,方言最好不用。语调要抑扬顿挫,要有重音、轻音、拖音,有节奏感。音量要适中,适度偏大一些。语速不能太快。有些答辩者可能太紧张,一上台就开始滔滔不绝地讲,飞快地讲。好像赶任务一样。结果一堂课下来,他自己都不知道在讲些什么,专家们也没听明白什么。所以语速要尽量慢一点,这也可以缓和一下紧张的心情。若是有外语要求的职位,还应做好用外语面试交谈的准备。不可以自负的方式、语气说话,即话不能说得太满,当然也不必太谦虚。

2. 仪态

教师表现要大方,注意肢体语言,不要太拘谨,也不要太张扬,要给人留下稳重的印象。抬头挺胸,目视前方。双手可随意放在身体的两侧,也可放在讲台上,腿不要乱抖动。教师不要频繁走动,给课堂以不安定的感觉。教师在讲授时,为保证每个学生有效听讲,一般走动不越过第一排学生。当然在辅导作业时,应走下讲台,到学生中间。目光要时而环视讲台之下,与学生或专家有眼神的交流。授课时即使很紧张,也不要过多地说"状态不好,请大家原谅"之类的话。

五、答辩技能测评表

表 26-2　答辩技能测评表

评价内容	评价等级				权重
	优	良	中	差	
1. 内容正确,阐述深刻					0.2
2. 思路清晰,论证有力					0.2
3. 清晰、流利,有感染力					0.15
4. 稳重、大方,姿势、手势适度					0.1
5. 应变自如,对策机智、合理					0.15
6. 根据其他方面印象综合打分					0.2
总　分					

评价等级说明:90～100 分为优秀,80～90 分为良好(不含 90 分),65～80 分为中等(不含 80 分),65 分以下为差(不含 65 分)。

参 考 文 献

[1] 孟宪恺. 微格教学概论[M]. 北京:北京师范大学出版社,1993.

[2] 蒋建洲. 发展性教育评价制度的理论与实践研究[M]. 长沙:湖南师范大学出版社,2001.

[3] 郭友. 教学技能[M]. 北京:首都师范大学出版社,1998.

[4] 胡淑珍. 教学技能[M]. 长沙:湖南师范大学出版社,1996.

[5] 高艳. 现代教学基本技能[M]. 青岛:青岛海洋大学出版社,1999.

[6] 陆炳炎. 素质教育的理想与目标[M]. 上海:华东师范大学出版社,2001.

[7] 王斌华. 发展性教师评价制度[M]. 上海:华东师范大学出版社,1998.

[8] 李克东. 教师职业技能训练教程[M]. 北京:北京师范大学出版社,1994.

[9] 刘显国,刘杰. 名师说课实录[M]. 北京:中国林业出版社,2007.

[10] 刘显国. 说课艺术[M]. 北京:中国林业出版社,2000.

[11] 周勇,赵宪宇. 说课、听课与评课[M]. 北京:教育科学出版社,2004.

[12] 方贤忠. 如何说课[M]. 上海:华东师范大学出版社,2008.

[13] 田杰. 素质教育对教师教学技能的新要求[J]. 高等师范教育研究,2002(4).

[14] 王槐源. 微格教学在师范生教学技能训练中的应用模式研究[J]. 琼州大学学报,2002(5).

[15] 汪家宝,刘丽. 构建教学技能训练的新模式[J]. 广西高教研究,2002(4).

[16] 郑金洲. 说课的变革[M]. 北京:教育科学出版社,2007.

[17] 李继秀. 教学技能训练与测评[M]. 合肥:安徽大学出版社,2010.